Philip Pettit

필립 페팃, 신공화주의 / 허윤회

<컴북스이론총서>는
현대를 호흡하는 사상가들을 소개합니다.
단순한 사상의 축약, 해제가 아닙니다.
해당 사상가를 연구해 온 전문가가 직접
사상가의 핵심 키워드 10개를 뽑아 해설하고 비평합니다.
인간과 비인간, 현실과 가상, 문화와 야만의
경계를 넘나드는 모든 사상을 싣겠습니다.
오늘을 살아가는 모든 이의 나침반이 되겠습니다.

컴북스이론총서

필립 페팃, 신공화주의

허윤회

대한민국, 서울, 커뮤니케이션북스, 2026

필립 페팃, 신공화주의

지은이 허윤회
펴낸이 박영률

초판 1쇄 펴낸날 2026년 1월 21일

커뮤니케이션북스(주)
출판 등록 제313-2007-000166호(2007년 8월 17일)
02880 서울시 성북구 성북로 5-11
전화 (02) 7474 001, 팩스 (02) 736 5047
commbooks@commbooks.com
www.commbooks.com

ISBN 979-11-430-1738-3 04160

책값은 뒤표지에 표시되어 있습니다.

공화주의, 자유주의와 공동체주의의 대안

현대 사회에서 개인의 정체성과 공동체의 관계를 둘러싼 논쟁은 자유주의와 공동체주의의 대립 구도로 전개되어 왔다. 그러나 이 두 이론은 한계를 드러냈고, 그 틈을 메울 대안으로 공화주의가 조명되고 있다. 우리나라의 공식 국호는 대한민국(大韓民國)이며, 영어로는 “Republic of Korea”다. ‘Republic’은 라틴어의 ‘*res publica*’에서 왔으며, 이는 공공선·공화주의라는 뜻을 내포한다. 이처럼 여러 국가에서 ‘공화국’을 국호에 사용하고 있으나 자유주의와 민주주의에 비해 공화주의는 여전히 익숙하지 않은 개념이다. 이러한 상황에서 필립 페팃(Philip Pettit, 1945~)은 저서 ≪신공화주의: 비지배 자유와 공화주의 정부(Republicanism: A Theory of Freedom and Government)≫에서 공화주의의 이론적 체계를 체계적으로 규명했다.

페팃은 아일랜드 출신으로, 아일랜드국립대학교를 졸업하고 벨파스트의 퀸스대학교에서 박사 학위를 받았다. 현재 호주국립대학교와 미국 프린스턴대학교 석좌교수로 겸직 중이다. 박사 학위를 받고 나서 초창기에는 분석 철학에 관심을 보였으나, ≪공동 정신: 심리학, 사회 그리고 정치에 관한 글(The Common Mind: An Essay on Psychology, Society and Politics)≫에서부터 개인과 공동체의 관계를 규명하면서 정치철학으로 영역을 확장했다. 이후 페팃은 논문 약 100여 편을 게재하고 저서 20여 권을 편찬하며 왕성한 저작 활동을 선보이고 있다.

페팃의 대표 저작으로는 ≪공동 정신≫, ≪자유론: 심리학에서 행위자의 정치까지(A Theory of Freedom: From the Psychology to the Politics of Agency)≫, ≪응보를 넘어서: 공화주의 형벌 이론(Not Just Deserts: A Republican Theory of Criminal Justice)≫ 등을 꼽을 수 있다.

페팃은 ≪공동 정신≫에서 인간의 행동이 개인의 의지에 의해 결정되기도 하지만 사회적 관습과 상호작용에 의해서도 형성된다는 점을 강조한다. 더 나아가 공동체는 단순히 개인들을 모아 놓은 총합이 아니라 새로운 인격체와 유사한 집단적 의지를 지닌 존재로 볼 수 있다고 주장한다. 이와 관련해 페팃은 크리스티안 리스트(Christian List)와 협업해 ≪그룹 행위자(Group Agency)≫를 편찬, 그룹 행위자에 대한 논의를 더욱 체계화한다. 페팃과 리스트는 여러 개인의 의도와 판단이 집합되면 집단이 한 개인처럼 믿음을 형성하고 결정을 내리며 행동하는 주체가 될 수 있다고 주장한다.

≪자유론≫은 공화주의 자유 개념의 핵심인 '비지배 자유(freedom as non-domination)'의 철학적 근거를 정립한다. 페팃은 외부의 통제 상황을 '합리적 통제', '의지적 통제', '담론적 통제'라는 세 유형으로 구분하며, 이 중 '담론적 통제'를 가장 핵심적인 통제 형태로 파악한다. 담론적 통제는 상호 대화와 의견 교환이 가능한 상태를 전제하며, 정당한 이유와 합의에 근거한 외부의 간섭이라면 정당화될 수 있음을 시사한다. 이러한 관점은 자유를 단순히 간섭의 부재로 이해하는 고전적 개념을 넘어, 정당화 가능한 간섭의 조건을 탐구함으로써 자유 개념의 재해석과 그에 기반한 새로운 해결책을 제시한다.

≪응보를 넘어서≫에서 페팃은 존 브레이스웨이트(John Braithwaite)와의 공동 작업을 통해 공화주의 형벌이론의 규범적 핵심을 응보가 아니라 회복에 두어야 한다고 주장한다. 회복적 정의는 응보주의를 넘어 가해자의 재통합과 책임 있는 반성을 강조하는 이론이다. 전통적 형벌이 '눈에는 눈, 이에는 이'라는 보복적 정의에 기반했다면, 회복적 정의는 가해자의 진심 어린 뉘우침과 피해자의 진정한 용서를 통해 관계 치유는 물론 공동체의 회복을 지향

한다.

≪신공화주의≫는 ≪공동 정신≫에서 다룬 개인과 공동체의 관계, ≪자유론≫에서 제시한 정치적 자유의 이상, ≪응보를 넘어서≫에서 논한 회복적 정의 개념을 종합해 고대 로마 공화주의 전통을 현대적으로 재구성한다.

자유주의의 대두

자유주의는 19세기 이전까지는 널리 알려지지 않은 정치 이데올로기였다. 현대 공화주의자들은 자유주의를 과거 공화주의의 원칙을 상실한 변질된 형태로 이해한다(Viroli, 2006: 132; Pettit, 2012: 49-54). 자유주의라는 개념은 프랑스혁명 이후 비로소 등장했으며 이 시점부터 공화주의와 구분되는 개념으로 사용되었다. 오늘날 우리가 이해하는 자유주의의 기원은 뱅자맹 콩스탕(Benjamin Constant)의 자유론에서 찾을 수 있다(Sellers, 1998: 101).

콩스탕은 '고대인의 자유'와 '근대인의 자유'를 구분하고 그리스의 민주주의에서 고대인의 자유의 연원을 발견했다. 고대인은 공동체의 정치적 자유를 강조했다. 반면 근대인의 자유는 정치적 자유를 보장하되 개인의 자유를 희생하지 않는 것을 의미했다. 근대인은 구속·간섭을 자유의 반의어로 이해했다. 이에 따라 콩스탕은 고대인의 자유는 공동체주의적 성격을, 근대인의 자유는 개인주의적 성격을 띤다고 간주했다(Constant, 1988: 317).

영국의 사상가들은 법의 지배와 입헌주의라는 자국의 전통을 표현하기 위해 '자유주의'라는 용어를 차용했다. 레너드 홉하우스(Leonard Hobhouse)는 자유주의 전통의 핵심 사상가로 존 스튜어트 밀(John Stuart Mill)을 꼽았다(Hobhouse, 2006: 113-129). 밀은 개인에게 표현의 자유와 토론의 자유가 보장될 때 사회가 자율성을 추구하고 발전할 수 있다고 보았다. 또한 자유가 전반적으로 존중되지 않는 사회에서는 정부 형태와 무관하게 자유가 실현될 수 없다고 주장했다. 사회 발전의 핵심은 표현의 자유와 토론의 자유의 보장에 있으며 개인이든 집단이든 타인의 행동 자유를 정당하게 제한할 수 있는 경우는 자기 보호가 필요한 상황뿐이라고 설명한다(Mill, 2005: 26-50).

자유주의에는 다양한 스펙트럼이 존재한다. 이는 자유를 유일한 가치로 보는지 아니면 헌법적 질서를 자유만큼 중시하는지에 따라 구분할 수 있다. 통상 자유주의로 불리는 입장은 후자이며 이는 입헌적 자유주의로 불린다(Pettit, 2019: 75-77). 입헌적 자유주의를 대표하는 자유주의자로는 존 롤스(John Rawls), 로버트 노직(Robert Nozick), 프리드리히 하이에크(Friedrich Hayek) 등을 꼽을 수 있다.

롤스는 개인들이 자신의 이익을 추구하는 과정에서 이해 충돌이 불가피하다고 보고, 이를 조정하기 위해 일관된 정의의 원리가 필요하다고 주장한다. 이러한 맥락에서 이해관계와 우연적 조건을 배제한 가상적 상황인 '무지의 베일'을 제시한다. 이 상황에서 당사자들은 자신이 어떤 사회적 위치에 놓일지 알 수 없으므로 공정한 분배 원칙을 선택할 수밖에 없다. 그 결과 롤스는 모든 사람에게 동등한 자유를 보장하는 평등한 자유의 원칙과 최소 수혜자의 최대 이익과 기회 균등을 확보하는 차등의 원칙을 도출한다(Rawls, 2003: 36-53).

노직은 역사적 원리에 근거해 국가가 최소한의 역할만을 수행하는 최소국가로 이행해야 한다고 보았다. 즉 국가는 불특정 다수로부터 자신을 보호하고 재산을 지키기 위한 최소한의 안전장치로 이해되어야 하며 그 외의 분배 문제는 개인의 자율에 맡겨야 한다고 주장했다. 또한 노직은 존 로크(John Locke)의 소유권 이론을 바탕으로 절차적으로 공정하며 자신의 노동력이 투입된 소유물은 정당하게 취득할 수 있다고 보았다. 개인이 취득한 소유물은 자유롭게 거래할 수 있다는 것을 원칙으로 삼았다. 만약 이 두 가지 분배 원칙이 지켜지지 않았다면 교정 조치를 취해야 한다고 덧붙였다(Nozick, 2000: 53-57).

하이에크는 국가 발전을 위해 개인의 자유를 제한해서는 안 된다고 주장한다. 단기적 목표를 위한 국가 개입이 바람직한 사회 구축을 방해한다고 지적하며 '자생적 질서' 개념을 제시한다(Hayek, 1960: 216-218). 이에 따라 정부의 개입은 개인의 자유를 보호하는 범위 내에서만 허용되어야 하며 시장에서의 자유 보장이 무엇보다 중요하다고 강조한다.

자유주의의 한계와 공동체주의의 대두

1980년대 서구에서는 자유주의와 공동체주의 간 논쟁이 벌어졌다. 공동체주의는 사회적 책임과 연대성을 핵심 가치로 삼으며 개인의 자아가 공동체의 삶의 지평 속에서 형성된다고 본다. 주요 사상가로는 알래스데어 매킨타이어(Alasdair MacIntyre), 마이클 샌델(Michael Sandel), 마이클 왈처(Michael Walzer), 찰스 테일러(Charles Taylor) 등이 있다.

매킨타이어는 자유주의가 계몽주의적 세계관에 사로잡

혀 있다고 비판한다. 자유주의 이전의 사회는 특정한 목적을 지니고 있었다. 특히 서구는 아리스토텔레스의 목적론적 관점에 따라 행복을 인간의 본질로 간주했다. 그러나 자유주의 이후 인간 본질에 계몽주의적 관점으로만 접근하게 되면서 인간은 단순한 기계적 존재로만 해석된다. 또한 도덕이 공동체가 추구하는 가치관을 논할 수 없게 되면서 개인의 선호 표현만 가능한 정서주의(emotivism)가 대두했다. 매킨타이어는 정서주의가 정치 생활을 선과 연결하지 못하게 해 결국 인간의 삶과 정치적 삶 사이에 괴리를 초래한다고 진단한다. 그 결과 정치적 공동체가 개인의 이해관계에 따른 흥정적 합의에만 집중하게 된다고 비판한다. 흥정으로 이루어진 합의는 이해관계에 따라 흔들리기 때문에 모두가 받아들일 수 있는 보편적 합의가 되지 못한다. 그래서 합의한 사람들조차 늘 불만족을 느낀다(MacIntyre, 1997: 103-165; Pettit, 1994: 176-186).

샌델은 롤스의 정의론이 '옳음이 좋음에 우선한다'는 원칙에 매몰되어 인간 삶의 도덕적 가치와 공동체적 맥락을 충분히 반영하지 못한다고 비판한다. 샌델은 국가가 롤스의 중첩적 합의에 따라 운영된다면 중립적 입장을 고수하게 될 것이라고 지적한다. 이로써 극단적인 사례이지만 KKK와 같이 인종차별을 옹호하는 비도덕적 집단에 국가가 개입할 수 없는 상황이 발생할 수 있다는 점을 우려한다(Sandel, 1996: 65-68). 샌델은 아리스토텔레스적 공공선을 중시하면서 도덕적 판단에는 사회적 맥락이 필연적으로 작용할 수밖에 없다고 강조한다.

왈처는 자유주의가 정의를 최우선 가치로 삼으면서 다른 사회적 가치를 충분히 고려하지 않았다고 본다. 롤스는 개인이 어떠한 목적을 추구하든 이를 실현하기 위해서는 기본적인 재화가 필요하다고 보았다. 그러나 왈처는 모든 사람에게 동일한 재산이 분배된 사회라 하더라도 시간이 지나면 불가피하게 새로운 불평등이 발생한다고 지적한다(왈쩌, 2001: 241). 왈처는 현대 사회의 불평등이 '돈으로 살 수 없는 것들'의 경계가 허물어지면서 나타났다고 분석한다. 돈이 다른 사회적 가치를 얻는 수단으로 기능할 때, 사회는 필연적으로 지배와 예속의 관계를 낳게 된다. 이런 맥락에서 평등은 하나의 가치가 다른 가치들을 지배하거나 잠식하지 않는 상태로 이해된다.

테일러는 현대 사회가 세속화, 중립적 이성에 대한 맹신, 소극적 자유의 강조 탓에 시민적 자유를 상실했다고 지적한다. 그 결과 개인들은 정치적 무관심에 빠지며 이는 알렉시 드 토크빌(Alexis de Tocqueville)이 말한 '온건한 독재'로 이어질 수 있다고 우려한다(Taylor, 2003: 19-20). 테일러는 게오르크 빌헬름 프리드리히 헤겔(Georg Wilhelm Friedrich Hegel)의 철학을 토대로 인정 개념을 체계화했다. 인정 이론은 문화 간 상호작용을 중시하며 소수 문화를 동등하게 인정하고 존중하는 태도를 강조한다. 테일러는 다원주의의 근원을 개인과 민족이 지닌 역사적·문화적 정체성에서 찾는다. 각 개인과 민족이 지닌 고유한 정체성은 단일한 원리로 설명할 수 없는 다양한 모습을 이룬다. 테일러는 이러한 차이의 인정을 다문화주의의 핵심 윤리 규범으로 제시한다(Taylor, 1992: 29-36).

정리하자면 자유주의는 밀, 롤스, 노직, 하이에크 등의 사상가들에 의해 전개되었으며 개인의 자유와 권리를 핵심 가치로 삼는다. 이들은 자아가 개인의 자율적 선택을 통해 형성된다고 이해하며, 옳음이 좋음에 우선한다는 입장에서 인간이 따라야 할 보편적인 도덕규범을 강조한다. 또한 국가는 특정한 가치에 중립적이어야 하며 그 어떤 가치나 덕목도 특별히 강조할 수 없다고 본다. 반면 매킨타이어, 샌델, 왈처, 테일러 등이 대표하는 공동체주의는 사회적 책임과 연대성을 핵심 가치로 삼는다. 이들은 자아가 공동체의 삶의 지평 속에서 형성된다고 보며, 옳음과 좋음은 분리될 수 없고, 특정 공동체에 타당한 특수한 규범이 강조된다고 주장한다.

공화주의의 공동체주의 비판

오늘날 공화주의는 자유주의가 직면한 한계를 배경으로 등장한 대안적 정치 이론이다. 공화주의를 공동체주의의 하위 범주로 이해하는 것은 흔히 저지르는 오해 가운데 하나다. 이러한 오해는 한나 아렌트(Hannah Arendt)가 공화주의를 공동체주의로 해석한 데 기인한다. 그러나 공화주의는 실제로 자유주의와 더 밀접한 정치 이데올로기다 (Pettit, 2012: 49-54).

공화주의는 그리스와 로마 등 시대로도 구분할 수 있고, 특징에 따라 시민 공화주의와 신공화주의로도 나눌 수 있다[시민 공화주의와 신공화주의는 학자에 따라 서로 다른 명칭으로 불린다. 데이비드 헬드(David Held)는 이를 '보호 공화주의'와 '계발 공화주의'로 구분하고(Held, 2010), 이슐트 호노한(Iseult Honohan)은 '본래적 공화주의'와 '도구적 공화주의'로 구분한다(Honohan, 2002). 페팃과 퀜틴 스키너(Quentin Skinner)는 시민 공화주의와 신로마 공화주의로 구분해 설명한다. 신공화주의는 본래 신로마 공화주의(neo-Roman republicanism)로 불리지만, 이 책에서는 페팃의 저서 제목이 "신공화주의"로 번역되어 있음을 고려해 개념의 혼용과 불필요한 혼란을 방지하고자 "신공화주의"라는 용어를 사용한다]. 두 전통은 유사성을 보이나 완전히 동일하지는 않다. 공동체를 바라보는 관점에서 큰 차이가 있기 때문이다.

아리스토텔레스를 중시하는 시민 공화주의 전통은 정치 생활을 공동체적 삶의 '최고선'으로 규정하고 그 실현 방식으로 우애(*philia*)를 제시한다. "마음의 일치는 폴리스 시민들 사이의 친애로 보이며 실제로도 그렇게 이야기된다. 그것은 유익과 관련되며 삶을 위한 것들에 관계하기 때문이다."(Aristotle, 2006: 1167b) 이처럼 시민 공화주의 전통은 시민들이 정치 공동체의 구성원으로서 공유된 정체성과 의무를 지닌다는 점을 강조한다. 아리스토텔레스는 정치적 참여를 '좋은 삶'의 필수 구성요소로 보았다는 점에서 공동체주의와 유사한 특징을 지닌다(Oldfield, 1990: 20-24).

반면 신공화주의는 공동체적 결속을 자연적 정서가 아니라 '인위적' 감정으로 이해하려는 경향이 강하다. 애국심 또한 지역·종족·언어·풍습·종교보다 공화주의적 평등과 특정 공적 문화에 대한 애정을 중시하는 정치적 열정으로 파악한다.

시민 공화주의에서 시민의 정체성은 혈연이나 지연과 같은 자연적 유대에서 비롯된 '자기애'로 이해된다. 아리스토텔레스는 폴리스의 목적이 단순히 개인의 안위, 경제적 이익, 안보에 머무르지 않고 궁극적으로 '좋은 시민'을 양성하는 데 있다고 보았다. 이때 시민은 공동체 안에서 자연스럽게 형성된 존재로 간주되며 그에게는 특별한 노력이 요구되지 않는다.

한편 신공화주의는 공동체의 정체성을 개인의 '이타적 이기심'의 발현으로 이해한다. 신공화주의에서 말하는 조국애(*caritas reipublicae*)는 정치 공동체와 시민 동료에 대한 사랑을 포함하며 공화국의 법과 정치 체제 그리고 생활 방식에 대한 충성, 조국과 조상의 위대한 역사를 계승하려는 자부심, 공동체를 진정한 시민 공동체로 만들려 하는 열망 등을 포괄한다(Oldfield, 1990: 1-8; Pettit, 2012: 257; Viroli, 2006: 49-62, 181).

시민 공화주의를 대표하는 학자로는 매킨타이어와 샌델을 들 수 있다. 신공화주의자인 페팃은 이들을 비판한다. 페팃은 매킨타이어의 서구 사회 문제 진단에는 공감하지만 그가 제시한 처방에 대해서는 상이한 입장을 취한다. 우선 자유 개념에서 차이가 난다. 매킨타이어는 자유주의가 개인주의적이고 원자화된 세계관에 빠져 있다고 비판한다. 그러나 페팃은 사회와의 상호작용을 전제하는 비지배 자유를 주장하면서 매킨타이어의 우려가 타당하지 않다고 본다. 자유를 실현하는 방식에서도 차이가 난다. 페팃은 매킨타이어가 자유주의와 공동체주의를 계몽주의와 낭만주의의 대립이라는 맥락에서 이해한다고 보며, 이는 이분법적으로 단순화된 관점이라고 지적한다. 매킨타이어는 아리스토텔레스의 공동체주의가 회복될 때 현대 사회의 문제들이 해결될 수 있다고 본다. 페팃의 신공화주의 또한 공공선을 지향하는 맥락에서 좋은 사회를 정의하지만 그 방향은 매킨타이어가 말하는 낭만적 자기실현과는 다소 다르다. 신공화주의는 공공선을 잘 짜인 사회적 인프라로 보는 입장이다(Pettit, 1994: 186-201). 사회적 인프라란 사회가 법의 지배 아래 질서 있게 운영되며 그 법치 또한 적절한 견제와 균형 속에서 유지되는 상태를 의미한다.

페팃은 이어서 샌델의 주장을 비판한다. 샌델은 제2차 세계대전 이후 권리 중심의 사고가 부상하면서 자유주의가 전면에 자리 잡았다고 본다. 권리 중심적 사고란 개인의 자유, 재산, 인권 등을 천부인권으로 보는 관점을 의미한다. 샌델은 이러한 관점이 현대 미국 사회와 정치 전반에 확산되면서 공화주의 전통이 강조해 온 공공선과 시민적 참여의 중요성을 약화했다고 평가한다. 페팃은 현대 자유주의를 비판하고 공화주의적 이상에 대한 열정을 불러일으키려는 샌델의 기획이 어느 정도 성공했다고 본다

(Pettit, 1998: 73-81). 그러나 페팃은 샌델의 공화주의 이상이 구체적으로 무엇을 의미하며 어떤 실질적 함의를 갖는지는 불분명하다고 지적한다. 특히 샌델은 공화주의의 근거를 아테네에서 찾는다. 그러나 페팃은 자신의 공화주의의 근거를 로마 전통에서 찾는다. 로마 전통의 공화주의가 민주적 선거와 시민 참여, 법치, 권력의 분산을 중시한 데 비해 아테네적 전통은 이러한 측면이 상대적으로 약했으며 다수의 감정과 여론에 의해 흔들리는 모습을 보였다. 또한 아테네적 전통은 공화주의가 중시하는 비지배 자유를 강조하지 않았다(Pettit, 1998: 82-89; Pettit, 2017: 499).

샌델은 자유주의적 국가 중립성을 근본적으로 비판하며 도덕적 문제에 국가가 개입해야 한다고 주장한다. 또한 자유주의적 접근이 한계가 있으며 공동체의 가치가 어느 정도 정책에 반영되는 것이 정당하다고 논한다(Sandel, 2016: 307-353). 페팃은 샌델의 이러한 주장에 우려를 표한다. 페팃은 자신과 샌델의 견해 차이가 동성애와 낙태 문제 같은 사례에서도 확인된다고 지적한다. 공동체적 가치관에는 기성세대의 관점이 반영되므로 보수적 공동체에는 동성애와 낙태를 금지하는 문화가 존재할 것이다. 샌델은 이를 따르는 것이 정당하다고 주장할 것이다. 그러나 페팃은 비지배 자유의 원칙에 따라 동성애가 존중되어야 하며, 여성의 자기결정권과 안전이 보장되지 않으면 지배 관계가 발생할 수 있으므로 낙태에 어느 정도 찬성할 여지가 있다고 본다. 요컨대 페팃은 공동체의 가치를 과거 전통이나 관습에 따라 고정된 것으로 보아서는 안 된다고 여긴다. 가치관이 이해집단의 관점에 따라 변화할 수 있는 유연성을 지녀야 한다고 본다. 다시 말해 페팃은 국가가 공공선의 명분 아래 시민들의 이성적 합의에 간섭해서는 안 된다고 강조한다(Pettit, 1998: 89-96).

공화주의의 자유주의 비판

모리치오 비롤리(Maurizio Viroli)는 아렌트나 위르겐 하버마스(Jürgen Habermas) 같은 학자들이 공화주의를 공동체주의로 해석하는 경향에 문제를 제기한다. 비롤리는 공화주의를 자유주의에 선행하는 개념으로 이해해야 한다고 주장한다. 즉 자유주의는 공화주의가 변질된 형태임을 역설한다. 자유주의가 공화주의로부터 계승한 정치적 유산은 크게 두 가지로 나눌 수 있다. 첫째는 국가 통치 체제에 대한 관점이다. 둘 모두 최고 통치 권력은 헌법에서 비롯되어야 한다는 입헌주의 원리에 기반한다. 둘째는 권력 분립의 원리다. 공화주의는 항상 독재적 권력의 등장을 경계해 왔으며, 이를 효과적으로 제어하기 위한 방안으로 입법권과 사법권의 분리를 강조해 왔다(Viroli, 2006: 38-40, 131-132).

한편 공화주의와 자유주의는 두 가지 차이점이 있다. 첫째는 자유에 대한 개념이다. 공화주의는 자유의 반대말이 '예속'이라고 이해한다. 반면 자유주의는 자유의 반대말을 '간섭'으로 규정한다(Viroli, 2006: 132). 둘째는 권리에 대한 관점이다. 자유주의에서 권리는 그 누구도 침범할 수 없는 천부인권의 특징을 지닌다. 도덕적 판단에서는 인간이 따라야 할 객관적이고 보편적인 도덕 원칙을 강조한다. 다시 말해 자유주의는 개인적 권리를 우선시하며 다른 권리는 부차적인 것으로 취급한다. 반면 공화주의는 시민의 정치 참여를 개인적 자유를 보장하기 위한 제도적 조건으로 이해한다. 개인이 향유하는 자유와 권리는 그가 속한 공동체의 규범과 제도 속에서 규정되며, 이는 특정 개인이나 집단의 특권이 아니라 사회 구성원 모두의 가치를 공정하게 존중한다(Tocqueville, 2020: 402-410; Viroli, 2006: 40-41, 134-135).

오늘날의 신공화주의

공화주의는 현재에도 사회를 변혁하기 위해 끊임없이 실천되고 있는 '진행형' 이데올로기다. 그 영향은 크게 세 가지 측면에서 살펴볼 수 있다.

첫째는 정치적 적용이다. 스페인의 호세 루이스 로드리게스 사파테로(José Luis Rodríguez Zapatero) 총리는 집권기(2004~2011)에 페팃의 신공화주의 이념을 정책에 적극적으로 반영했다. 페팃의 신공화주의가 지닌 결과주의적 특징을 계승해 동성결혼 합법화, 성폭력 관련 법 제정, 여성 의원 증원, 불법 체류자 처우 개선, 사회복지 확대 등 여러 분야에서 개혁을 추진했다(Marti & Pettit, 2010: 122-123). 특히 기업과 노동의 관계에 변화를 촉발했다. 신공화주의는 노동자가 겪는 착취를 제도적으로 방지할 수 있는 이론적 근거를 제공했으며, 이를 토대로 최저임금 인상과 비정규직 확산 저지 같은 정책이 추진되었다(Marti & Pettit, 2010; Lovett, 2010).

둘째는 정의의 실천이다. 신공화주의는 형법적 정의에 주목하며 회복적 정의를 강조한다. 이러한 관점은 페팃이 브레이스웨이트와 협업한 연구에서 두드러지게 나타난다. 이들은 기존의 자유주의적 형법 정의가 형벌 부과에 지나치게 치중해 왔다고 비판하고, 공동체는 더불어 살아가는 공간이므로 살인·강도·강간과 같은 중범죄를 제외한 경범죄는 갱생 가능성을 고려해 포용해야 한다고 주장한다. 이때 범죄자가 공동체 안에서 느끼는 '수치심'이 회복과 재통합을 위한 필수 조건임을 강조한다. 더 나아가 브레이스웨이트는 캔버라회복공동체(Canberra Restorative Community)에서 회복적 정의를 몸소 실천하고 있다.

셋째는 교육이다. 신공화주의에 근거한 교육은 교육적 효과 면에서도 유의미한 변화를 가져왔다. 이러한 교육은 타인과의 적극적인 의사소통을 권장하며, 이는 시민의 자유를 유지하면서도 집단적 의사결정에 참여하는 능동적 시민상을 전제한다. 시민들은 이러한 민주적 의사소통 과정을 통해 창의성, 비판적 사고, 합리적 의사결정 능력 등 다양한 역량을 함양할 수 있다. 현재 미국과 영국에서는 공화주의적 비지배 자유에 기반한 시민교육 정책이 추진되고 있다(Peterson, 2011).

참고문헌

마이클 왈쩌 지음, 김용환 외 옮김(2001). ≪자유주의를 넘어서≫. 철학과현실사.

Aristotle(1894). *Ethica Nicomachea, Recognovit Brevique Adnotatione Critica Instruxit.* Oxford: Oxford University Press. 이창우·김재홍·강상진 옮김(2006). ≪니코마코스 윤리학≫. 이제이북스.

Constant, B.(1988). The Liberty of the Ancients Compared with that of the Moderns. In Fontana, B.(ed.). *Benjamin Constant: Political Writings.* Cambridge: Cambridge University Press.

Hayek, F.(1960). *The Constitution of Liberty.* Chicago: University of Chicago Press.

Held, D.(1996). *Models of Democracy.* Stanford: Stanford University Press. 박찬표 옮김(2010). ≪민주주의의 모델들≫. 후마니타스.

Hobhouse, L. T.(1945). *Liberalism.* London: Oxford University Press. 김성균 옮김(2006). ≪자유주의의 본질≫. 현대미학사.

Honohan, I.(2002). *Civic Republicanism.* London: Routledge.

List, C. & Pettit, P.(2011). *Group Agency: The Possibility, Design, and Status of Corporate Agents.* Oxford: Oxford University Press.

Lovett, F.(2010). *A General Theory of Domination and Justice.* New York: Oxford University Press. 조계원 옮김(2019). ≪지배와 정의에 관한 일반이론≫. 박영사.

MacIntyre, A.(1984). *After Virtue.* Notre Dame: University of Notre Dame Press. 이진우 옮김(1997). ≪덕의 상실≫. 문예출판사.

Marti, J. L. & Pettit, P.(2010). *A Political Philosophy in Public*

Life: Civic Republicanism in Zapatero's Spain. Princeton: Princeton University Press.

Mill, J. S.(2011). *On Liberty*. Luton, Bedfordshire: Andrews U.K. Ltd. 김형철 옮김(2005). ≪자유론≫. 서광사.

Nozick, R.(1974). *Anarchy, State, and Utopia*. New York: Basic. 남경희 옮김(2000). ≪아나키에서 유토피아로≫. 문학과지성사.

Oldfield, A.(1990). *Citizenship and Community: Civic Republicanism and the Modern World*. London & New York: Routledge.

Peterson, A.(2011). *Civic Republicanism and Civic Education*. New York: Palgrave Macmillan.

Pettit, P.(1993). *The Common Mind: An Essay on Psychology, Society and Politics*. Oxford: Oxford University Press.

Pettit, P.(1994). Liberal/Communitarianism: MacIntyre's Mesmeric Dichotomy. In Horton, J. & Mendus, S.(eds.). *After MacIntyre: Critical Perspectives on the Work of Alasdair MacIntyre*. Notre Dame: University of Notre Dame Press.

Pettit, P.(1997). *Republicanism: A Theory of Freedom and Government*. Oxford: Oxford University Press. 곽준혁 옮김(2012). ≪신공화주의: 비지배 자유와 공화주의 정부≫. 나남.

Pettit, P.(1998). Reworking Sandel's Republicanism. *The Journal of Philosophy*, *95*, pp. 73-96.

Pettit, P.(2014). *Just Freedom: A Moral Compass for a Complex World*. New York: W.W. Norton & Company. 곽준혁·윤채영 옮김(2019). ≪왜 다시 자유인가: 공화주의와 비지배 자유≫. 한길사.

Pettit, P.(2017). Political Realism Meets Civic Republicanism.

Critical Review of International Social and Political Philosophy, 20(3), pp. 331-347.

Rawls, J.(1971). *A Theory of Justice*. Cambridge: Belknap Press of Harvard University Press. 황경식 옮김(2003). ≪정의론≫. 서광사.

Sandel, M. J.(1996). *Democracy's Discontent: America in Search of a Public Philosophy*. Cambridge: Harvard University Press.

Sandel, M. J.(2006). *Public Philosophy: Essays on Morality in Politics*. Cambridge: Harvard University Press. 안진환·김선욱 옮김(2016). ≪정치와 도덕을 말하다≫. 와이즈베리.

Sellers, M. N. S.(1998). *The Sacred Fire of Liberty*. London: Macmillan Press.

Skinner, Q.(1998). *Liberty before Liberalism*. Cambridge: Cambridge University Press. 조승래 옮김(2007). ≪퀜틴 스키너의 자유주의 이전의 자유≫. 푸른역사.

Taylor, C.(1992). *Sources of the Self: The Making of the Modern Identity*. Cambridge: Harvard University Press.

Taylor, C.(2007). The Malaise of Modernity. *A Secular Age*. Harvard University Press. 송영배 옮김(2003). ≪불안한 현대사회≫. 이학사.

Tocqueville, A. de(2012). *Democracy in America*. Hackett Publishing Company. 이용재 옮김(2020). ≪아메리카의 민주주의 1≫. 아카넷.

Viroli, M.(1999). *Repubblicanesimo*. Roma-Bari: Gius. Laterza & Figli S.p.A. 김경희·김동규 옮김(2006). ≪공화주의≫. 인간사랑.

차례

일러두기

- 인명, 작품명, 저서명, 개념어 등은 한글과 함께 괄호 안에 해당 국가의 원어를 병기했습니다.
- 외래어 표기는 현행 어문규정의 외래어표기법을 따랐습니다. 단, 윤리 교사나 임용 고시생 독자들을 고려해 '마이클 왈처(Michael Walzer)', '한나 아렌트(Hannah Arendt)', '모리치오 비롤리(Maurizio Viroli)'는 고등학교 교과서 등에서 통용되는 표기를 따랐습니다. 또한 참고문헌과 내주에서 번역서의 저자명을 한글로 표기하는 경우에는 그 책의 표기를 따랐습니다.
- 본 저서는 필립 페팃의 주저 ≪신공화주의≫의 핵심 내용을 종합·요약하는 것을 주목적으로 합니다. 따라서 ≪신공화주의≫의 논의 범위에 해당하는 부분에 대해서는 별도의 출처 표기를 하지 않았으며, ≪신공화주의≫ 외의 문헌을 인용하거나 참고한 경우에 한해 내주로 출처를 명시했습니다.

01
공화주의의 역사

포콕, 스키너, 비롤리는 중세 시대 이후 공화주의의 전통을 재발견한다. 포콕은 마키아벨리의 '덕·운·부패' 개념을 중심으로 한 정치사상이 미국 건국에까지 이어졌음을 강조한다. 스키너는 공화주의 자유의 본질을 '비지배 자유'로 규정하고, 로마의 비지배 자유 전통이 중세 이탈리아 도시국가와 마키아벨리, 잉글랜드 내전기 의회파, 미국 건국으로 이어졌음을 추적했다. 비롤리는 14~16세기 이탈리아 도시국가에서 나타난 시민 중심의 정치 참여와 권력 분립 제도에 주목하며 이러한 공화주의 정신이 이후 유럽과 미국으로 확산되었다고 주장한다.

존 포콕

존 그레빌 애거드 포콕(John Greville Agard Pocock)은 저서 ≪마키아벨리언 모멘트(The Machiavellian Moment)≫에서 근대 정치사상의 주류 담론인 자유주의에 가려졌던 공화주의의 지적 전통을 복원해 그 정치학적 의의를 재조명했다. 포콕에 따르면 근대 정치사상은 니콜로 마키아벨리(Niccolò Machiavelli)가 제시한 '덕(virtù)', '운(fortuna)', '부패(corruzione)' 등의 개념으로 이해된다. 이것이 바로 포콕이 명명한 '마키아벨리적 계기'다.

마키아벨리는 운에 대항하는 시민적 덕의 실천을 강조했다. 마키아벨리에 따르면 시민이 국가 정책에 참여하기 위해서는 국가가 보장하는 제도적 장치뿐 아니라 권력 남용을 방지할 수 있는 군사적 무장 상태가 갖춰져야 한다. 시민은 스스로 무장함으로써 국가에 기여하고 시민의 자격을 갖추며, 반대로 무장한 군사 세력이 권력을 장악하면 공화국은 타락하고 몰락한다. 아울러 마키아벨리가 주장하는 시민적 종교는 기독교와는 다른 개념이다. 국가는 언제든 몰락할 위험에 놓일 수 있으며 이를 완전히 차단하는 것은 불가능하다. 따라서 시민은 자신의 공동체를 최선의 것으로 여기고 그것에 헌신해야 한다. 마키아벨리는 이를 가능하게 하는 기반으로 시민적 종교를 주장했다.

또한 포콕에 따르면 마키아벨리는 부패 방지를 강조했다. 마키아벨리는 부패를 단순히 외부 환경이나 개인의 일탈로 보지 않고 일정한 주기로 반복되는 구조적 위기로 간주했다. 이에 따라 공화국을 유지하기 위한 '두려움을 유발하는 법'의 필요성을 주장했으며, 이러한 법적 제재는 공화국이 본래 목적대로 작동하도록 하는 순기능을 수행한다고 보았다. 이 원리를 무시할 경우 공화국은 필연적으로 붕괴한다고 경고했다(Pocock, 2011a: 325-373).

한편 포콕은 마키아벨리가 로마 몰락의 원인으로 시민의 부패를 언급하지 않았다는 점을 지적한다. 마키아벨리는 그라쿠스 형제의 토지 개혁법을 둘러싼 갈등과 군대 지휘권 연장으로 인한 파벌 형성을 공화국 멸망의 원인으로 꼽았다. 이러한 문제의식은 영국의 제임스 해링턴(James Harrington)에게로 이어진다. 해링턴은 공화국을 구성하기 위한 세 가지 조건을 제안했다. 첫째는 토지 소유의 공평한 분배고, 둘째는 공직의 순환제 도입이며, 셋째는 권력 분립 체제다. 해링턴 공화주의의 독특한 특징은 토지 보유권을 강조했다는 점이다. 해링턴은 경제적 기초를 상업보다는 토지에 두는 것이 바람직하다고 보았다. 그러나 이는 단순히 농업 중심 국가를 목표로 한 것이 아니었다.

해링턴은 토지 재산이 시장에서 유통되는 상품보다 공화국 시민에게 더 안정적인 기반이라고 생각했다(Pocock, 2011b: 57-119).

더 나아가 포콕은 미국 건국 과정에 공화주의적 요소가 깊이 작용했음을 강조한다. 기존 정치사상가들은 주로 미국 건국의 특징을 연방주의자들의 논리와 로크의 정치철학을 중심으로 설명했다. 그러나 포콕은 해링턴이 제시한 부패 방지에 관한 논의가 미국 건국 과정에 크게 반영되었다고 주장한다. 미국 독립 이후 연방주의자들은 공화주의 원리를 체계화했다. 제임스 매디슨(James Madison), 알렉산더 해밀턴(Alexander Hamilton), 존 제이(John Jay) 등이 집필한 ≪연방주의자 교서(The Federalist Papers)≫는 공화주의적 자유의 정신이 권력의 기원을 시민에게 두며 자유를 보장하기 위해 권력 분립과 상호 견제를 필수적으로 요한다고 주장한다. 물론 미국의 건국 이념이 전적으로 공화주의에 기반을 둔 것은 아니다. 민주주의와 평등의 가치를 내세운 자유주의가 점차 새로운 이데올로기로 자리 잡았기 때문이다. 그럼에도 법의 지배, 권력 분립, 부패 방지라는 공화주의적 원칙들은 여전히 미국 사회의 중요한 기초로 자리하고 있다고 포콕은 강조한다(Pocock, 2011b: 283-357).

퀜틴 스키너

스키너는 로마 공화정에서 비지배 자유의 원형을 발굴했다. 공화주의는 로마 멸망 이후 수백 년간 단절되었던 것처럼 보인다. 그러나 스키너는 11~12세기 북부 이탈리아 도시국가에서 로마적 자유의 흔적을 찾아볼 수 있다고 주장한다. 당시 북부 이탈리아에서는 봉건제에 제약받지 않는 상업 중심의 새로운 정치 체제로서 도시국가들이 출현했다. 베네치아, 토리노, 피사, 피렌체 등이 대표적인 도시국가들이다. 1085년 피사에서 등장한 콘술(*consul*)은 로마적 전통 부활의 신호탄을 날렸다. 그러나 이러한 도시국가의 정치 형태는 서구 역사에서 주류로 자리 잡지 못했다. 당시 강력한 군주제를 시행하던 신성로마제국이나 교황 세력의 빈번한 간섭을 받았기 때문이다(Skinner, 2004: 81-107).

스키너에 따르면 르네상스는 크게 두 가지 흐름으로 구분된다. 하나는 14세기 초 아레초와 파도바에서 전개된 이른바 '인문주의' 운동이며, 다른 하나는 14세기 중엽 이후 수사학의 발달과 더불어 등장한 군주 조언서의 전통이다. 13세기 브루네토 라티니(Brunetto Latini)가 키케로의 수사학적 기법을 이탈리아에 전파한 시점은 근대적 의미에서 르네상스가 최초로 등장한 시기로 평가된다. 라티니는 피렌체에서 고대 고전 텍스트를 암송하고 주석하는 전통적 교육 방식, 즉 '아욱토레스(*auctores*)'를 중심으로 수사학 교육의 기반을 마련했다. 이러한 교육 전통은 라틴어로 정교한 공문서와 편지를 작성하기 위한 전문 기술인 '아르스 딕타미니스(*ars dictaminis*)'의 발전으로 이어졌다(Skinner, 2004: 144-215).

이러한 접근은 14세기 초의 법률가들에게 계승되었으며, 고전을 단순한 실무적 도구가 아니라 문학적·사상적 가치의 원천으로 인식하게 하는 계기가 되었다. 그 결과 고대의 시, 역사, 철학 전반에 대한 관심이 확산되었다. 이들은 과거 북부 이탈리아 도시국가들에서 공화주의적 자유가 실현되지 못하고 붕괴한 원인을 탐구했고, 그러한 원인으로 시민들 간의 화합 부족과 부의 획득에 대한 과도한 집착을 꼽았다(Skinner, 2004: 156-157). 더 나아가 이들은 도시국가에서 공화주의적 자유를 가장 효과적으로 유지할 수 있는 방안이 무엇인지에 대해서도 탐구했다. 그 결과 시민들로 하여금 개인적 부의 축적이라는 협소한 관점을 넘어 자신의 행복이 공동체의 이익과 긴밀히 연관되어 있음을 인식하도록 하는 데서 해답을 찾았다. 그 해답이 바로 비지배 자유다.

스키너는 포콕과 마찬가지로 로마 공화주의 전통을 되

살린 인물로 마키아벨리를 꼽는다. 마키아벨리는 군주에게 강력한 통치를 조언하는 ≪군주론(Il Principe)≫과 로마 전통의 중요성을 논하며 그 덕성을 본받을 것을 권유하는 ≪로마사 논고(Discorsi sopra la prima deca di Tito Livio)≫라는 상반된 두 측면을 지닌 학자다. 스키너는 마키아벨리가 진정으로 전달하고자 한 메시지가 후자의 입장에 담겨 있다고 보고, 이러한 사상이 후대 공화주의자들에게 지대한 영향을 미쳤음을 강조한다.

마키아벨리는 ≪로마사 논고≫에서 고대 로마의 비지배 자유 전통을 근대 정치 현실에 적용하고자 했다. 스키너는 로마 시대부터 면면이 이어져 온 공화주의 전통의 가장 중요한 원칙이 '리베르타스(*libertas*)'와 '세르부스(*servus*)'라고 규정한다. '리베르타스'는 자유인을 지칭하는 '*liber*'에 어원을 둔 말이며, '세르부스'는 노예를 뜻한다. 마키아벨리가 말하는 자유는 로마가 카이사르와 아우구스투스 등을 위시한 황제 체제로 개편되기 이전, 초기 공화정 시기에 사용되던 '리베르타스'를 의미한다.

스키너 역시 키케로, 리비우스, 살루스티우스로부터 공화주의에 기초한 '비지배 자유' 개념을 상기시키고자 한다. 키케로에 따르면 공화주의가 지향하는 국가는 군주정이나 귀족정이 아니라 공동체 구성원 모두의 것, 즉 '*res publica*'로 정의된다(Cicero, 2007: 1.39). 따라서 국가에서 발생하는 정치적 사안은 시민들의 적극적 참여를 요하며, 그들의 의사가 반영되어야 한다. 리비우스 또한 국가를 모든 시민이 법의 지배 아래에서 운영하는 일종의 자치적 공동체로 규정한다. 살루스티우스는 개인의 부패와 타락이 언제든 발생할 수 있다고 전제하며, 이를 통제할 수 있는 제도적 장치의 필요성을 주장한다(Skinner, 1990: 128-129).

아울러 스키너는 잉글랜드 내전에서 신공화주의 비지배 자유의 원형을 찾을 수 있다고 주장한다. 잉글랜드 내전은 1642년에서 1649년 사이에 벌어진, 절대왕권과 의회의 대립이 나타난 사건이다. 엘리자베스 1세를 마지막으로 튜더(Tudor) 왕조가 끝나고 스코틀랜드 왕실이었던 스튜어트(Stuart) 가문의 제임스 1세가 잉글랜드 왕위를 계승했다. 그 아들인 찰스 1세가 의회의 승인 없이 관세를 매기고 공채를 강제로 거둬들이는 등 횡포가 심해지자 의회는 1628년 5월 왕에게 열한 가지 항목을 요구하는 '권리청원(Petition of Right)'을 제출했다.

이 시기 잉글랜드는 왕당파와 의회파로 분열되었다. 양측 모두 자국의 정치 체제를 정당화하기 위한 이론적 근거를 모색하고 정립하기 시작했다. 잉글랜드 내전기 사상가들 가운데 특히 주목할 인물로는 왕당파를 대표한 토머스 홉스(Thomas Hobbes)와 의회파를 대변한 제임스 해링턴이 있다. 홉스에 따르면 국가는 정치적 열망을 지닌 인간을 전제하지 않는다. 홉스에게 국가란 개인의 안전과 자유를 보장하기 위해 만들어진 인공적 공동체일 뿐이다. 즉 개인은 국가 내에서 법의 규제를 받는 사안에 대해서만 간섭받으며 그 외의 주거, 식사, 생업 선택, 자녀 양육, 계약 체결 등에서는 자유를 누릴 수 있다고 보았다.

> 오늘날에도 루카(Lucca)시의 성탑에는 자유(*libertas*)라는 말이 큰 글씨로 쓰여 있다. 그러나 그렇다고 해서 루카의 시민 개개인이 콘스탄티노플의 시민보다 더 많은 자유를 지니고 있다든가, 코먼웰스에 대한 봉사를 면제받고 있다고 추론할 수는 없다. 군주정이건 민주정이건 코먼웰스의 자유는 동일한 것이다.(Hobbes, 2008: 286)

홉스는 정치 체제가 무엇이든 개인의 자유를 훼손하지 않는 한 상관없다고 이해했다. 즉 타인의 간섭이나 침해만 없다면 자유가 보장된다는 관점에서 소극적 자유 개념을 제시했다(원문에서는 '비간섭 자유', '불간섭 자유'로 해석될 수 있으나, 개념의 일관성을 유지하기 위해 본 책에서는 '소극적 자유'로 통일한다).

홉스의 자유론을 바탕으로 한 소극적 자유 개념은 영국 의회의 아메리카 대륙 식민지 통치를 정당화하는 논리로 활용되었다. 이는 의회가 자의적으로 권력을 행사하고 있다는 공화주의적 주장에 대한 반박이었다. 이 관점에서 법은 간섭의 일종이며, 모든 법은 개인의 자유를 제한하므로 결과적으로 자유에 해롭다는 논리가 전개되었다(Skinner, 2007: 61-108).

의회파의 해링턴은 홉스의 국가론을 정면으로 비판했다. 군주정에서는 시민이 자유로운 행동을 제약받을 가능성이 항상 존재하기 때문이다.

> 콘스탄티노플에서 아무리 큰 자유를 누린다 해도, 그것이 전적으로 술탄의 선의에 달려 있다면, 술탄의 신민은 루카의 시민보다 자유롭다고 할 수 없다.(Harrington, 1992: 20)

해링턴에 따르면 군주정에서는 술탄의 성격에 따라 시민의 행복이 좌우된다. 예를 들어 온화한 성품을 지닌 주인이 노예를 관대하게 대한다고 해도 이는 주인의 개인적 성향일 뿐 노예의 근본적 지위를 바꾸지는 못한다. 마찬가지로 군주정에서는 시민이 군주의 자비에 의존하는 한 진정한 자유를 누릴 수 없다.

> 이러한 논의를 바탕으로 볼 때, 자유주의적 이데올로기가 지배적인 위치를 차지하기 이전의 서구 사상사에서 전개된 자유 개념에 관한 논쟁이 지닌 의미를 재검토하는 작업은 중요하다. 더 나아가, 다른 가능성들을 제치고 궁극적으로 승리하게 된 자유주의적 자유 이해가 과연 어떤 전제와 한계를 지니고 있는지를 다시 성찰할 필요가 있다.(Skinner, 2007: 12)

스키너는 '비지배 자유' 개념이 공화주의의 법률적·도덕적 전통을 계승하는 동시에 자유주의적 자유 개념을 이론적으로 확장할 수 있다고 본다.

모리치오 비롤리

비롤리는 이탈리아 출신 정치철학자다. 비롤리에 따르면 공화주의를 자유주의·공동체주의와 구별하는 사상적 특징은 비지배 자유, 시민적 덕성, 애국심 등이다. 비롤리는 14세기에서 16세기 사이 이탈리아 도시국가들에서 나타난 공화국 체제에 주목했다. 마키아벨리가 활동했던 피렌체를 위시해 베네치아·시에나·제노바·루카 등에서 확인되는 공화주의적 요소에 관심을 두었다. 당시 도시국가들은 군주제에 대한 강한 거부감을 드러내며 시민이 주축이 되는 정치 참여의 전통을 보여 주었다. 그 대표적 사례로 시에나의 9인 위원회를 들 수 있다. 이 위원회는 추첨을 통해 선출되었고 임기가 2개월에 불과해 권력의 독점을 방지할 수 있었다. 또한 시에나와 제노바에서는 공직자의 업무 수행에 책임을 묻는 제도를 도입해 공화주의적 성격을 강화했다. 한편 공화주의적 혼합정이 가장 충실하게 구현된 곳은 베네치아였다. 베네치아의 정치 구조는 국가의 결정을 내리는 도제(Doxe), 다양한 정치적 능력을 갖춘 원로원 그리고 독재를 방지하기 위한 공회로 구성되어 권력의 균형을 제도적으로 보장했다.

결국 체사레 보르자(Cesare Borgia)나 스포르차(Sforza) 가문 등이 등장하면서 이탈리아 도시국가들에 귀족정이 출현하고 공화국이 몰락했다고 간주할 수도 있다. 그러나 비롤리는 이탈리아 공화국의 정신이 17세기 네덜란드, 18세기 프랑스·영국, 19세기 미국으로 이어졌다고 주장한다(Viroli, 2006: 63-89).

참고문헌

Cicero, M. T.(1969). *De re publica: librorum sex quae manserunt.* Ziegler, K.(ed.). BSB B.G. Teubner Verlagsgesellschaft. 김창성 옮김(2007). ≪국가론≫. 한길사.

Harrington, J.(1992). *The Commonwealth of Oceana and A System of Politics.* Pocock, J. G. A.(ed.). Cambridge: Cambridge University Press.

Hobbes, T.(1998). *Leviathan.* Gaskin, J. C. A.(ed. & intro.). New York: Oxford University Press. 진석용 옮김(2008). ≪리바이어던≫. 나남.

Pocock, J. G. A.(1975). *The Machiavellian Moment.* Princeton: Princeton University Press. 곽차섭 옮김(2011a). ≪마키아벨리언 모멘트 1≫. 곽차섭 옮김(2011b). ≪마키아벨리언 모멘트 2≫. 나남.

Skinner, Q.(1979). *The Foundations of Modern Political Thought.* Cambridge: Cambridge University Press. 박동천 옮김(2004). ≪근대 정치사상의 토대 1≫. 한길사.

Skinner, Q.(1990). Machiavelli's Discorsi and the pre-humanist origins of republican idea. In Bock, G., Skinner, Q., & Viroli, M.(eds.). *Machiavelli and Republicanism.* Cambridge: Cambridge University Press.

Skinner, Q.(1998). *Liberty before Liberalism.* Cambridge: Cambridge University Press. 조승래 옮김(2007). ≪퀜틴 스키너의 자유주의 이전의 자유≫. 푸른역사.

Viroli, M.(1999). *Repubblicanesimo.* Roma-Bari: Gius. Laterza & Figli S.p.A. 김경희·김동규 옮김(2006). ≪공화주의≫. 인간사랑.

02
벌린의 두 가지 자유론

벌린이 주장한 소극적 자유는 외부 간섭이 없는 상태를 가리킨다. 그러나 페팃은 '지배 가능성'의 부재가 자유의 본질이라고 보며, 잠재적·간접적 간섭까지 고려해야 진정한 자유가 확보된다고 주장한다. 한편 적극적 자유는 개인이 스스로 목표를 설정하고 이상적 자아를 실현하는 능동적 자유를 강조한다. 그러나 현실에서는 타인이나 국가가 개인의 '진정한 자아'를 대신 판단하고 개입할 위험이 존재한다. 특히 페팃은 루소의 일반의지론을 비판하며 모든 시민의 직접적 참여를 전제하는 루소의 구상이 이상주의적 환상에 불과하다고 지적한다.

소극적 자유의 특징과 문제점

이사야 벌린(Isaiah Berlin)에 따르면 소극적 자유는 개인이 타인에게 외부적 간섭이나 방해를 받지 않는 상태를 의미한다. 홉스, 로크, 밀 등의 영국 사회계약론자들이 이러한 입장을 취한다. 이들은 개인의 자유 영역을 외부로부터 간섭·강요·방해받지 않는 불가침 영역으로 구획하면서 '~로부터의 자유' 개념을 상정한다. 소극적 자유 개념은 특히 홉스의 자유론에서 잘 구현된다.

> 자유는 외적인 방해가 없음을 의미하며 방해는 사람이 자기가 하고 싶은 일을 할 힘의 일부를 종종 앗아 가지만, 판단과 이성의 지시에 따라 남겨진 힘의 사용을 가로막을 수는 없다.(Hobbes, 2008: 1부 14장)

페팃은 홉스의 자유 개념을 타인의 간섭이 없는 상태를 자유로 보는 '소극적 자유'로 규정한다.

홉스는 간섭 개념을 최대한 포괄적으로 확장한다. 홉스에 따르면 간섭은 간섭 주체의 의지나 판단이 개입되는 경우 발생한다. 따라서 군주정이든 공화정이든 국가가 시민에게 행사하는 간섭의 방식은 본질적으로 동일하다. 그러므로 홉스에게는 정치체의 형태가 어떠하든 개인의 자유를 훼손하지 않는 한 문제가 되지 않는다.

그러나 페팃은 홉스가 자유의 반대 개념을 오로지 '간섭'으로만 규정한 데서 문제를 지적한다. 페팃에 따르면 자유의 진정한 반대는 '지배'며 단순한 간섭의 유무가 아니라 타인의 자의적 통제 가능성으로부터 벗어난 상태가 자유의 기준이 되어야 한다.

홉스는 행위자 A가 X를 선택하는 경우에는 선택의 자유를 누리지 못하지만, Y를 선택하면 선택의 자유를 누리게 되는 상황을 가정한다. 이때 행위자 A가 X를 선택하는 것을 자유가 없는 상태로, Y를 선택하는 것을 자유로운 상태로 규정한다(Pettit, 2012: 26-34). 그러나 페팃은 이러한 주장이 잘못되었다고 진단한다. 행위자 A가 선택을 방해하는 조건에 자신을 적응시키는 것만으로는 자유로운 선택이라고 할 수 없다. 예를 들어 B가 조깅을 할지 말지 고민하는 상황을 가정해 보자. B는 마음의 변화 탓에 조깅을 하지 않을 수도 있다(p). 혹은 폭우, 폭염, 혹한 등의 자연재해 탓에 조깅을 하지 않을 수도 있다(q). 이때 홉스는 누군가의 고의적인 간섭이 없는 한, B가 p와 q 중 어떤 것을 선택하더라도 자유가 훼손되지 않았다고 간주한다. 그러나 페팃은 누군가가 B의 조깅을 방해할 목적으로 B의 집 문을 잠가 두거나 B가 이용하던 학교 운동장을 고의로 폐쇄할 수 있다면, 이는 직접적이지는 않더라도 간접적인 방식으로 충분히 간섭 가능한 상황임을 보여 준다.

> 내가 만약 단 하나 비어 있는 공중전화부스를 고의적으로 차지함으로써 여러분이 전화를 걸지 못하게 방해한다면 나는 여러분에게 간섭하는 것이다. 비록 나에게 그 공중전화부스를 차지할 수 있는 권리가 있다고 하더라도 이는 마찬가지다.(Pettit, 2012: 130)

페팃은 어떤 행위자의 실제 간섭 여부와 간섭할 능력의 유무를 구분하지 않는 홉스의 자유 개념을 비판한다. 지배는 직접적인 간섭을 통해서만 나타나는 것이 아니라 기만이나 조작 등의 방법을 통해서도 충분히 발생할 수 있기 때문이다. 따라서 자유는 타인이 내 행동에 개입할 수 있는 모든 가능성을 고려해야 한다(Pettit, 2012: 55, 244-245).

적극적 자유의 특징과 문제점

적극적 자유는 개인 스스로가 주인이 되어 능동적으로 목표를 향해 나아가는 것을 의미한다. 이 과정에서 자아는 현재의 나보다 높은 이성을 향해 지속적으로 노력해야 하며 이를 실현하기 위해 자신의 욕망을 엄격히 훈육하고 극복해야 한다(Berlin, 2006: 360-362).

벌린은 적극적 자유 개념이 정치적 자유의 기준으로 기능하기 어렵다고 보며, 그 이유를 전체주의 체제가 자신을 정당화하는 방식에서 찾는다. 벌린은 피지배자가 스스로 인식하지 못하는 '진정한 자아'의 이익을 위해 권력이 결정과 행동을 대리해야 한다는 주장이 독재자들이 자신의 행위를 정당화할 때 반복적으로 사용하는 논리라고 지적한다. 이러한 논리는 자유의 의미를 근본적으로 왜곡할 뿐 아니라 자유의 억압을 정당화할 위험이 있다. 벌린은 바로 이 점을 강하게 경고한다.

프랑스혁명 당시 자코뱅주의는 프랑스 국민의 전체 의지를 대변한다는 명분 아래 적극적 자유의 이념을 추구했으나, 결과적으로 개인의 자유를 심각하게 침해했다. 이러한 역사적 사례를 바탕으로 벌린은 적극적 자유가 본래 자기실현이라는 고귀한 목적에서 출발했더라도 타인에 대한 간섭이나 강요로 이어질 위험을 내포한다고 지적한다(Berlin, 2006: 366-399).

페팃 역시 벌린과 유사한 관점에서 적극적 자유의 문제

점을 비판한다. 그 문제점은 개인이 스스로의 삶을 제대로 통제하지 못한다고 판단되는 경우, 국가나 제3자가 나서서 그 개인의 삶에 개입하고 그의 '진정한 자아'를 실현하도록 이끌어야 한다는 논리에 정당성을 부여한다는 데 있다. 특히 여기서 문제가 되는 것은 '진정한 자아'라는 개념이 자주 개인의 내면적 자각이 아니라 특정 집단, 국가, 보편적 이성이라는 명분으로 외부에 의해 규정된다는 사실이다. 이때 자유는 더 이상 개인의 주체적 선택과 삶의 방향을 결정하는 능력이라는 의미를 지니지 못하며, 오히려 개인이 타인의 의지나 가치 판단에 종속되게 하는 수단으로 전락한다.

페팃의 루소 비판

페팃은 적극적 자유에 대한 비판의 연장선상에서 장자크 루소(Jean-Jacques Rousseau)를 비판한다. 루소는 프랑스 공화주의의 이론적 토대를 마련한 학자로 평가되지만, 페팃은 루소의 공화주의가 자신이 주장하는 신공화주의와 본질적으로 차이가 있으며, 따라서 그를 공화주의자로 분류하는 것은 적절치 않다고 주장한다. 페팃은 루소가 모든 시민이 정치에 직접 참여할 수 있다는 비현실적 환상을 조장했다고 보며, 루소의 일반의지 개념이 시민을 주권 형성의 주체로 상정함으로써 결국 절대적 권력으로 기능하게 된다고 지적한다. 즉 루소가 시민의 정치적 능력을 과도하게 신뢰했으며 이는 지나치게 낭만주의적인 발상에 불과하다고 여겼다(곽준혁, 2009: 131).

루소의 또 다른 문제점은 혼합정에 대한 부정적 시각이다. 루소는 공화주의 전통에서 핵심으로 여겨지는 호민관을 부정적으로 평가했으며, 혼합정 자체에 대해서도 정부의 통일성을 해치고 국가의 결속력을 약화한다고 비판했다. 이러한 루소의 관점은 시민들이 정치의 모든 영역에 직접 참여해야 한다는 전제에 기반하며, 이는 페팃의 공화주의 이념과 상충된다(곽준혁, 2016: 219).

페팃은 시민을 권력에 대한 견제자로 규정하고, 모든 정치 과정에의 전면적 참여를 요구하는 민주주의 모델에는 비판적이다. 공화주의자들이 강조하는 혼합정은 권력 간의 상호 견제를 통해 기득권의 전횡이나 시민의 부패, 방종을 효과적으로 방지할 수 있는 정치 형태로 간주된다. 마키아벨리의 사상에 기반한 공화주의 전통은 정치적 갈등을 공동선 실현을 위한 긍정적 동력으로 해석한다. 이러한 점들을 종합하면, 루소의 사상은 공화주의보다는 공동체주의적 정치관에 더 가깝다고 볼 수 있다.

참고문헌

곽준혁(2009). "공화주의와 한국사회: 필립 페팃 교수와의 대담". ≪아세아연구≫, 52(1), 103-141쪽.

곽준혁(2016). ≪정치철학 2≫. 민음사.

Berlin, I.(2013). Liberty. *The Power of Ideas.* Princeton University Press. 박동천 옮김(2006). "자유". ≪이사야 벌린의 자유론≫. 아카넷.

Hobbes, T.(1998). *Leviathan.* Gaskin, J. C. A.(ed. & intro.). New York: Oxford University Press. 진석용 옮김(2008). ≪리바이어던≫. 나남.

Pettit, P.(1997). *Republicanism: A Theory of Freedom and Government.* Oxford: Oxford University Press. 곽준혁 옮김(2012). ≪신공화주의: 비지배 자유와 공화주의 정부≫. 나남.

03
비지배 자유의 원리

페팃의 비지배 자유 개념은 지배로부터 벗어난 상태에서 자유가 실현되어야 한다고 강조한다. 자유로운 행위자는 자신의 판단과 의지에 따라 선택할 수 있어야 하며, 이를 위해서는 타인과의 상호 합의를 중시하는 담론적 통제가 필요하다. 비지배 자유는 '간섭이 없는 지배' 상태가 아니라 '지배가 없는 간섭'을 목표로 한다. 이 개념은 공화주의적 자유의 핵심을 이루며, 개인과 공동체의 자유를 동시에 확보하는 이상적 기준을 제공한다.

세 가지 통제

페팃에 따르면 행위자는 자유로운 행위를 하기 위해 두 가지 핵심 쟁점을 고려해야 한다. 첫째 쟁점은 행위자의 능력과 관련된다. 행위자가 자유롭게 행동하려면 자신의 판단으로 행위를 결정하고 실행할 수 있는 정신적 능력이 전제되어야 한다. 이를 실현하기 위해 충족되어야 할 조건은 다음과 같다. ① 행위자는 강박, 강제, 편집증, 혼란, 무지와 같은 요인에서 벗어나 있어야 한다. ② 행위자가 선택을 실현하려면 신체적·상황적 능력이 확보되어야 한다. ③ 행위자의 선택은 사회적 관습에 얽매이지 않을 때 온전히 실현될 수 있다. 이는 타인과의 관계 속에서 개인이 자신의 판단과 의지에 따라 선택할 수 있는 상태를 의미한다.

둘째 쟁점은 행위자에 대한 통제가 간섭에 국한되는지 아니면 더욱 광범한 요인들에 의해 이루어지는지와 관련된다. 페팃은 간섭을 단순한 외부 개입으로 보지 않고 통제 개념으로 규정했다. 다시 이를 합리적 통제, 의지적 통제, 담론적 통제라는 세 가지 유형으로 구분했다. 페팃은 저서 ≪자유론≫에서 그 내용을 체계화한다.

합리적 통제는 행위자가 이성에 근거해 자신의 행위를 조절할 수 있음을 뜻한다. 즉 개인이 합리적 판단에 따라

효용의 극대화를 추구하는 것을 말한다. 그러나 합리적 판단에 기반한 행위라고 해도 행위자의 의지와 무관하게 이를 벗어나는 행동이 나타날 수 있다. 페팃은 다음과 같은 사례를 통해 이러한 한계를 구체적으로 설명한다. ① 경련과 같은 반사적 반응이 있을 수 있다. 방송 중 웃음을 참지 못하는 경우가 이에 해당한다. ② 행위자의 의지와 무관하게 발생하는 행동이 있을 수 있다. 틱 장애가 대표적 예다. ③ 의도하지 않은 결과로 이어지는 행위가 있을 수 있다. 테니스 라켓으로 공을 치다가 우연히 새를 맞히는 경우가 이에 해당한다. ④ 행위자가 자발적으로 비합리적 행동을 하는 경우가 있을 수 있다. 운동선수들의 징크스가 그 예다. 이처럼 행위자의 자유로운 의지와 합리적 이성과는 무관하게 다양한 비합리적 행동이 발생할 수 있다(Pettit, 2001: 17-27).

그다음으로 의지적 통제를 살펴보자. 의지적 통제란 개인이 자신의 의지에 따라 자유롭게 행동하는 상태를 의미한다. 그러나 페팃은 다음과 같이 의지적 통제 개념에도 한계가 존재함을 지적한다. 첫째, 개인이 자신의 의지에 따라 행동할 수 없는 상황이 존재한다. 예를 들어 마약 중독 상태에서는 행위자의 자유의지가 일차적 욕구에 매몰되어 자율적 통제가 어려워진다. 둘째, 개인이 자신의 의지에 따라 행동했음에도 그 결과가 자기 파괴적일 수 있다.

페팃은 의지적 통제를 설명하기 위해 해리 프랭크퍼트(Harry Frankfurt)의 이론을 참고한다. 프랭크퍼트에 따르면 자유로운 행위자는 단순한 일차적 욕구를 넘어서 추상적 목표나 신념을 지향하는 이차적 욕구를 형성할 수 있어야 한다. 그러나 경우에 따라 일차적 욕구가 이차적 욕구를 침해함으로써 자유가 손상될 수 있다. 담배 중독을 연구하는 의사의 사례가 이를 잘 보여 준다. 이 의사는 중독자들의 심리를 연구하기 위해 실험적으로 담배를 피웠을 뿐, 담배에 대한 욕구는 없었다. 그러나 니코틴이라는 중독 물질 탓에 의사는 자신의 이차적 욕구인 담배를 피우지 않으려는 의지와는 달리 중독에 빠지게 된다. 이 의사의 사례는 개인이 자신의 의지에 따라 행동하더라도 완전히 자유로운 행위가 아닐 수 있음을 보여 준다(Frankfurt, 1971: 5-20; Pettit, 2001: 39-44).

마지막으로 담론적 통제란 행위자가 타인의 주장을 수용할 수 있는 능력을 지니며 다른 구성원들과의 관계 속에서 자유를 형성할 수 있음을 의미한다. 페팃은 율리시스(오디세우스)와 선원의 이야기를 담론적 통제의 사례로 제시한다. 선장인 율리시스는 자신을 묶어 달라고 선원들에게 요구한다. 사이렌의 노랫소리에 홀려 바다에 빠질 수 있음을 알고 있었기 때문이다(Pettit, 2009: 46-73).

율리시스가 선원들에게 간섭의 권한을 주었을 때, 그는 배가 사이렌의 목소리가 들리는 섬을 지나갈 때에만 자신을 묶도록 허락한다. 뱃사공들은 율리시스의 소망과 일치하는 권한을 행사한다. 선원들에 의해 행사되는 간섭은 자의적인 것도 아니고 통제되지 않은 것도 아니다. 반대로 율리시스 스스로 통제와 억제에 복종하는 간섭의 형태다. 따라서 선원들은 율리시스의 주인이 아니고, 율리시스도 선원들의 힘에 의해 묶이긴 했지만 [그 권한은] 율리시스 스스로의 의지에 의해 선원들에게 부여된 것이다.… 선원들은 율리시스의 삶에 부여될 수 있는 외적 의지가 발현된 것이 아니라 자기 통제의 통로다.(Pettit, 2009: 46)

여기서 주목할 것은 율리시스와 선원이 서로를 통제하고 있다는 점이다. 선원이 율리시스를 밧줄로 묶고 풀어 주지 않은 행위는 율리시스가 더 나은 선택을 할 수 있도록 도운 조력 행위로 볼 수 있다. 즉 선원이 율리시스에게 가한 간섭은 타인과의 상호 관계 속에서 이루어지는 '친절한 간섭'이다(Pettit, 2001: 75-76). 페팃은 담론적 통제가 조작이나 강압 없이도 상호 이익이 되는 합의를 가능하게 함을 보여 주었다.

지배가 없는 간섭

페팃은 비지배 자유 개념을 체계적으로 설명하기 위해 간섭과 지배의 관계를 기준으로 자유의 상태를 네 가지 유형으로 구분한다.

① 간섭과 지배 모두 없는 경우: 두 가지 이상에서 모두 좋은 상태
② 간섭과 지배 모두 있는 경우: 두 가지 이상에서 모두 나쁜 상태
③ 지배는 있지만 간섭은 없는 경우: 비지배 이상에서만 나쁜 상태
④ 간섭은 있지만 지배는 없는 경우: 불간섭 이상에서만 나쁜 상태(Pettit, 2012: 76)

①의 상황은 너무 이상적이고, ②의 상황은 좌절스럽기에 페팃은 이 두 경우를 논하지 않는다. 페팃은 ③과 ④에 주목한다. ③의 상황을 '간섭이 없는 지배'로, ④의 상황을

'지배가 없는 간섭'으로 규정하며 논의를 전개한다. ③의 상황은 홉스가 주장한 소극적 자유 개념에 해당하며 외부의 간섭이 없다는 이유만으로 자유롭다고 여기는 입장을 나타낸다. 반면 ④의 상황은 페팃이 주장하는 자유 개념에 부합하며 단순히 간섭이 없다는 것만으로는 충분하지 않고 지배로부터 벗어난 상태여야 비로소 진정한 자유라는 입장을 나타낸다.

비지배 자유는 선택할 수 있는 모든 문이 열려 있는 상태다. 이 상태에서 행위자는 어떤 문을 선택할 때 문지기의 선의에 의존해서는 안 된다. 즉 어떠한 형태든 잠재적 지배가 배제되어야 한다. 한편 공화주의에서 가장 꺼려야 할 것은 '자의적 간섭' 상태다. 자의적 간섭을 수시로 받는 상황에서 개인은 결코 자유로울 수 없다.

페팃은 헨리크 입센(Henrik Ibsen)의 희곡 ≪인형의 집(Et dukkehjem)≫을 간섭은 없지만 지배가 있는 상황, 즉 겉으로는 자유로워 보이지만 실제로는 지배당하고 있는 상태를 보여 주는 대표적 사례로 소개한다. 이 희곡에 등장하는 토르발 헬메르는 은행장이며, 그의 아내 노라 헬메르는 경제적으로 부족함 없는 삶을 살고 있다. 겉보기에는 자유롭고 풍요로운 삶을 누리는 듯하다. 그러나 토르발은 노라를 독립적인 인격체로 존중하지 않고 단지 예쁜 '인형'

처럼 다룬다. 이런 상황에서 노라가 진정한 자유를 누리고 있다고 볼 수 있을까?

노라가 진정으로 자유로우려면 지배의 부재가 필요하다고 페팃은 주장한다(Pettit, 2019: 28). 더 나아가 비지배 자유가 지향하는 '지배가 없는 간섭'의 핵심은 토르발과 같은 사고방식을 지닌 사람이 등장하지 않도록 하는 데 있다고 말한다. 이처럼 비지배 자유는 단순히 간섭을 피하는 데 그치지 않고 어떤 행위자도 타인에 대해 지배적 위치를 차지할 수 없도록 구조적으로 그 가능성을 원천 차단하는 데 초점을 맞추어야 한다.

참고문헌

Frankfurt, H. G.(1971). Freedom of the Will and the Concept of a Person. *The Journal of Philosophy, 68*(1), pp. 5-20.

Pettit, P.(1997). *Republicanism: A Theory of Freedom and Government.* Oxford: Oxford University Press. 곽준혁 옮김(2012). ≪신공화주의: 비지배 자유와 공화주의 정부≫. 나남.

Pettit, P.(2001). *A Theory of Freedom: From the Psychology to the Politics of Agency.* Cambridge: Polity.

Pettit, P.(2009). Law and Liberty. In Besson, S. & Marti, J. L.(eds.). *Law and Republicanism*, pp. 39-50. Oxford University Press.

Pettit, P.(2014). *Just Freedom: A Moral Compass for a Complex World.* New York: W.W. Norton & Company. 곽준혁·윤채영 옮김(2019). ≪왜 다시 자유인가: 공화주의와 비지배 자유≫. 한길사.

04

정치적 이상으로서 비지배 자유

비지배 자유는 모든 시민이 지배 없이 자유롭게 행동할 수 있는 상태를 보장한다. 비지배 자유는 자의적 간섭으로부터의 보호를 뜻하는 강도와 선택 가능 영역을 의미하는 범위를 동시에 고려한다. 더 나아가 특정 제도에 종속되지 않고 다양한 제도를 통해 구성될 수 있다는 점에서 현대 사회에서도 실현 가능하다.

개인적 선으로서 비지배

페팃은 비지배 자유가 한낱 이데올로기에 그치지 않고 모든 사람이 원하며 가치가 있다고 여길 만한 이유를 보여 주려 노력한다. 비지배 자유는 도구적 선의 맥락에서 적합하다. 흔히 소극적 자유는 행위자의 선택을 금지하거나 방해하지 않는다는 점에서 도구적 선으로 간주된다. 이는 소극적 자유가 장애물이 존재하더라도 외부의 간섭만 없다면 자유는 여전히 성립한다고 보기 때문이다. 반면 비지배 자유는 타인의 자의적 간섭을 제거하는 데 그 본질이 있다. 자의적 간섭이란 행위자가 타인에 의해 견제되지 않는 상황에서 발생하는 일방적 간섭을 의미한다.

비지배 자유가 지니는 도구적 선은 세 가지 핵심 이점을 제공한다. 첫째는 불확실성의 부재다. 자의적 간섭은 언제 어디서 발생할지 알 수 없다는 불안을 수반하며, 그 탓에 실제 간섭이 없더라도 행위자가 위축되는 상황이 초래될 수 있다. '친절한 주인'은 비지배 자유의 결핍을 보여 주는 대표적 사례다. 심성이 착한 친절한 주인이 노예를 노예로 대하지 않는 상황을 가정해 보자. 머리가 비상한 노예는 은근히 주인보다 더 주인 행세를 하기에 이른다. 그러나 주인과 노예의 관계가 역전된 것처럼 보일지라도 권력관계 그 자체는 변하지 않는다. 주인은 여전히 주인이고 노예는 노예의 지위에 머무른다. 따라서 노예는 필연적으로 주인의 눈치를 보며 행동할 수밖에 없는 처지에 놓인다. 비지배 자유를 실현하는 시민은 사회의 다른 시민들과 동등한 지위에서 지배로부터 보호받으려 하고, 독립적 삶을 유지할 수 있을 만큼 충분한 선택 범위를 확보하려 한다. 이때 자유는 '선의의 독재자'와 같은 자의적 권력에 의존해서는 안 된다. 모든 시민이 독재자의 선의에 의존하는 상태에서는 자유가 본질적으로 불안정해지기 때문이다. 따라서 자유로운 시민은 법과 규범이라는 제도 아래 불확실성이 최소화된 상태에서 자신의 자유를 온전히 누릴 수 있어야 한다.

둘째, 비지배 자유는 시민들의 견제가 부족할 때 발생하는 자의적 간섭이 비자의적 간섭보다 나쁘다는 사실을 알려 준다. 자의적 간섭은 간섭자가 피간섭자보다 우월한 권력을 갖고 있음을 전제한다. 이 때문에 간섭자는 피간섭자에게 복종과 통제를 요구하는 위치에서 군림하게 된다. 이때 피간섭자는 간섭자를 기쁘게 하려 하거나 그와 마주치지 않기 위해 애쓴다. 이는 일상 속에서 끊임없는 전략적 복종과 자기 통제가 작동함을 보여 준다.

셋째, 비지배 자유는 자유로운 행위자들이 서로를 견제할 수 있는 힘을 보장한다. 페팃은 이러한 상호 견제 관계를 “행위자가 굽실거릴 필요 없이 서로를 똑바로 바라볼 수 있는 관계”로 표현하며, 이를 ‘똑바로 쳐다보기 실험(eyeball test)’으로 명명한다. 이는 타인에게 복종을 강요받지 말아야 할 뿐 아니라 기본적인 국가적 안전이 보장되어야 함을 시사한다. 여기서 말하는 안전은 사회적·의료적·법적 보호뿐 아니라 안정적인 법적·경제적 질서 속에서의 삶을 포함한다. 결국 비지배 자유는 자유가 수직적 복종이 아니라 수평적 상호성에 기반해야 함을 강조하는 개념이다(Pettit, 2019: 40-41).

이러한 이점들은 비지배 자유가 도구적 선으로서 갖는 매력뿐 아니라 그것이 기초적 선으로서 지니는 특징 역시 드러낸다. 이는 롤스가 말하는 ‘기본적 선’으로 간주될 수 있다. 기본적 선이란 개인이 어떤 욕구나 삶의 계획을 가지고 있든 누구에게나 중요하고 바람직하다고 여겨지는 보편적 가치를 뜻한다.

정치적 관심사로서 비지배

개인적 선으로서 비지배 자유에 대한 지금까지의 설명은 비지배 자유가 개인의 사적 방식을 존중하며 다원주의적 성격을 띤다는 오해를 불러일으킬 수 있다. 이에 페팃은 비지배 자유가 법에 기초한 자유임을 명확히 한다. 비지배 자유는 개인이 자신의 이익을 위해 법을 왜곡하지 않는 것을 전제하며 모든 사람에게 공평하게 적용될 수 있는 일관성을 유지해야 한다. 즉 비지배 자유는 국가 제도를 통해 가장 효과적으로 실현된다.

공화주의는 결과주의적 성격을 띠며 비지배 자유를 실현하는 데 국가의 적극적 역할을 요한다. 국가의 역할은 시민들이 비지배의 조건하에서 살아갈 수 있도록 제도적 토대를 조성하는 데 있다. 이때 법률 체계뿐 아니라 과세도 필수적이다. 과세는 개인의 선택지에 일정한 비용을 부과한다. 이로써 비지배 자유는 선택의 범위를 일정 부분 제한하게 된다.

비지배 자유는 동질적인 공동체에서뿐 아니라 다원적이고 복잡한 현대 사회에서도 실현 가능하다. 비지배 자유는 특정 정치적·사회적 제도에 의해 구현되며 자의적 간섭의 가능성으로부터 실질적으로 보호받는 조건 속에서만 실재할 수 있다.

비지배 자유의 증진은 상호 권력 전략보다는 헌법 규정 전략으로 달성 가능하다. 상호 권력은 위협과 처벌을 요한다. 하지만 위협과 처벌은 간섭의 형태이므로 신공화주의가 추구하는 방향과는 다르다. 반면 헌법 규정 전략은 특정 무리의 사람들에 대한 지배를 제거하기 위해 법의 지배를 도입한다. 그러므로 페팃에 따르면 비지배 자유를 정치적으로 실현하려는 노력은 소규모 동질적 공동체에만 국한되지 않으며, 복잡하고 다원화된 현대 국가에서도 여전히 가능하고 정치적으로 매력적인 이상이다.

제약이 아닌 목적으로서 비지배

비지배 자유는 국가가 증진해야 할 목적 가치로 자리매김해야 하며, 동시에 이 가치는 국가가 다른 목적을 추구하는 방식에 일정한 제약을 가하는 기준이 되어야 한다. 목적으로서 비지배에는 네 가지 특징이 있다.

첫째, 공화주의는 결과주의에 근거한다. 결과주의는 단일한 규범이나 원칙에 따라 행동을 판단하기보다 현실에서 최선의 결과를 실현하는 데 중점을 둔다(Pettit, 2005: 178-183). 즉 국가의 역할은 비지배 자유라는 목적 자체를 적극적으로 증진하는 데 있다.

둘째, 공화주의는 공화주의적 결과론을 주장한다. 페팃에 따르면 공화주의 전통하에서 비지배 자유가 결과론적 성격을 지닌다는 명시적 진술은 드물지만 결과주의적 함의는 분명히 존재한다. 예컨대 마키아벨리는 비지배 자유를 확보하기 위해 절대권력을 지닌 군주의 필요성을 주장했고, 로크 역시 국가 이성론의 맥락에서 "인민의 안전이 최고의 법이다"라는 원칙을 강조함으로써 결과 중심의 정당화를 시사했다. 아울러 샤를 루이 드 세콩다 몽테스키외(Charles Louis de Secondat Montesquieu)는 특정한 상황에서 개인이나 집단의 권리를 박탈하는 결정이 소송 절차 없이도 자유라는 더 큰 대의를 위해 정당화될 수 있다고 주장했다. 이는 비지배 자유가 결과론적 성격을 일부 수용하지 않았다면 현실적인 제도 설계나 정책 집행에서 그러한 측면들을 효과적으로 구현하기 어려웠을 것임을 시사한다. 공화주의는 자연권을 주장하는 사상가들과 결부되어 의무론적 면모를 보이기도 한다. 그러나 여기서 말하는 자연권은 비지배 자유를 성취하는 수단이며, 이러한 권리는 수사적 의미 그 이상이 아니었다는 것이 페팃의 생각이다.

셋째, 비지배 자유는 강도와 범위를 극대화할 수 있다. 비지배 자유는 자의적 간섭으로부터 벗어나는 것을 뜻하는 '강도'와 지배받지 않고 자유롭게 선택할 수 있는 '범위'라는 두 차원으로 설명할 수 있다. 공화주의자는 이 두 차원 간 딜레마를 다음 두 가정을 통해 해결한다. ① 국가가

한 영역에서 지배를 줄이면, 다른 영역에서도 지배의 제거가 더 쉬워진다. ② 비지배 자유의 강도는 무한히 높일 수 없으며 국가의 권력이 지나치면 오히려 새로운 지배자가 될 위험이 있다. 따라서 국가의 최우선 과제는 개인이 사회의 다양한 영역에서 직면할 수 있는 지배 가능성을 최대한 축소하는 데 있다. 이를 위해 공화주의자는 우선 비지배 자유의 강도를 강화하는 것을 목표로 삼고, 나아가 비지배 자유가 적용되는 범위를 점진적으로 확대하는 전략을 추구한다.

넷째, 비지배 자유는 제도에 의해 야기되는 것이 아니라 제도에 의해 구성되는 자유다. 비지배 자유는 적절한 제도적 조건이 마련되는 순간부터 실현되는 구성적 상태로 이해된다. 자유를 특정 제도에 의거해 정의하면 그 정의는 자유의 기준을 해당 제도에 논리적으로 종속시키게 된다. 반면 비지배 자유는 자의적 간섭으로부터의 보호로 정의되므로 다양한 제도가 비지배 자유 증진에 기여하는 정도만을 비교·평가할 수 있는 이론적 여지를 확보한다. 다시 말해 비지배 자유는 특정한 잣대가 있는 기준이 아니라 여러 이상을 실현하기 위한 조건으로 이해된다. 이러한 맥락에서 비지배 자유는 특정 제도에 구속되지 않으면서도 제도적 장치를 통해 구성되는 실질적 자유라고 할 수 있다. 이는 항체의 존재가 면역력을 구성하듯 제도의 존재가 자유를 구성함을 뜻한다.

참고문헌

Pettit, P.(1993). Consequentialism. In Singer, P.(ed.). *A Companion to Ethics*. Blackwell Publishing. 김성한·김성호·소병철·임건태 옮김(2005). "결과주의". ≪규범윤리의 전통≫. 철학과현실사.

Pettit, P.(1997). *Republicanism: A Theory of Freedom and Government*. Oxford: Oxford University Press. 곽준혁 옮김(2012). ≪신공화주의: 비지배 자유와 공화주의 정부≫. 나남.

Pettit, P.(2014). *Just Freedom: A Moral Compass for a Complex World*. New York: W.W. Norton & Company. 곽준혁·윤채영 옮김(2019). ≪왜 다시 자유인가: 공화주의와 비지배 자유≫. 한길사.

05

자유, 평등, 공동체의 신공화주의적 이상

비지배 자유에 기반한 공화주의 국가는 시민을 공정하게 대우하고 자의적 권력과 소수에 의한 지배를 제한하며 자유의 강도를 유지하고자 한다. 더 나아가 비지배 자유는 공동체주의적 성격을 띠며 개인의 자유가 제도적 틀과 공공선 속에서만 실현될 수 있음을 강조한다. 특히 민족·인종·젠더 등 소수자 집단에 대한 차별을 차단할 때 비로소 모든 시민이 비지배 자유를 누릴 수 있다.

평등주의적 이상

비지배 자유에 기초한 공화주의 국가는 구성원인 시민들을 평등하게 대우해야 한다는 평등주의적 신념을 지향한다. 여기서 말하는 평등이란 모든 사람에게 동일한 결과를 보장하는 것이 아니라 각자가 공정하게 대우받는 것을 의미한다.

소극적 자유는 자원의 불평등한 분배를 정당화할 수 있으며 이는 특히 취약하거나 위험한 이들을 배제하는 결과를 낳을 수 있다. 반면 비지배 자유는 자의적 권력의 존재 가능성 자체를 문제 삼으며 소수에 대한 지배가 전체 구성원의 자유를 약화한다고 본다. 한 사회 전체에서 권력자의 영향력이 클수록 개인의 비지배 자유는 더 쉽게 침해될 수 있기 때문이다.

비지배 자유는 매우 평등주의적인 선이다. 시민이 어떠한 요구를 제기하든 국가는 그 요구를 충족하기 위해 적극적으로 대응할 책임이 있다. 이를 위해 국가는 사회적 정의 실현을 추구해야 하며 기본적 자유의 보장을 위한 적절한 보호 조치와 자원 배분을 제공해야 한다. 국가가 이러한 책무를 실질적으로 수행하기 위해서는 제도적 기반이 선행되어야 한다.

페팃은 행위자가 선택하기 위한 제도적 기반을 자원이라고 칭하며 이를 인적 자원, 자연적 자원, 사회적 자원으로 구분해 설명한다. 인적 자원은 행위자가 보유한 신체적·정신적 능력을 의미한다. 자연적 자원은 행위자의 선택지가 실질적으로 접근 가능한 범위 내에 존재하도록 하는 물리적·환경적 조건을 의미한다. 사회적 자원은 투표와 같은 행위를 가능하게 하는 제도적 장치나 사회적 인프라를 가리킨다. 예컨대 투표권을 실현하기 위해서는 적절한 법적·행정적 구조가 마련되어 있어야 한다(Pettit, 2019: 94-96).

신공화주의는 지배로 이어지는 불평등을 원칙적으로 배제하고, 모든 개인이 강도 면에서 동등한 비지배 상태에 놓이게 하는 구조적 평등을 지향한다. 단, 비지배 자유의 범위에서 발생하는 불평등인 물질적 자원의 차이는 반드시 제거되어야 할 것은 아니라고 주장한다. 이러한 비지배 자유의 이상은 모든 사람이 지배로부터 동등하게 보호받는 구조적 평등의 이상과 깊은 관련이 있다. 권력과 자유의 관계가 한계 체감적 특성을 갖기에 평등한 상태에서의 반평등 정책은 전체 자유를 오히려 감소시킬 위험이 크다. 즉 어떤 개인의 비지배 자유 강도를 높이면 다른 개인의 비지배 자유 강도는 줄어드는 셈이다. 페팃은 이를 계단을 한

단계 올라갈 때마다 계단 아래쪽이 함께 내려가는 현상에 빗댄다. 비지배 자유의 강도를 극대화하는 데에는 구조적 평등을 지향하는 평등주의적 정책이 더 효과적이다.

한편 시민들이 누리는 물질적 자원이나 선택 가능성의 폭과 관련한 비지배 자유의 범위는 무조건적 평등을 추구하지는 않는다. 범위는 강도와 달리 한계 체감 법칙이 적용되지 않기 때문이다. 그러므로 국가가 부유한 사람에게 세금을 부과해 덜 부유한 사람에게 부를 재분배하는 것이 항상 효율적이라고 볼 근거는 없다. 오히려 평등을 강제하는 것이 전체 비지배 선택 범위를 줄이는 비용을 초래할 수도 있다.

비지배 자유에 기반한 공화주의적 국가는 모든 시민이 평등주의적 선을 추구하게 하려고 노력한다. 그런데 장애인이나 어린아이와 같이 보호가 필요한 집단에는 어떻게 접근해야 할까? 아이들이 성인과 동등한 기회를 즉시 누릴 수는 없으며 성인이 되기 위해서는 일정한 교육과 양육이 필수적이다. 그렇다면 비지배 자유는 어른이 아이를 훈육하는 데 필요한 조언이나 선한 목적을 앞세우는 후견주의를 수용하는 것인가? 페팃은 그렇지 않다고 주장한다.

페팃에 따르면 아이를 훈육하는 과정에서도 비지배 자유가 보장되어야 한다. 부모나 교사와 같은 보호자는 다음

두 원칙을 따라야 한다. 첫째, 아이의 정당한 이익을 증진하는 방향으로 행위해야 한다. 둘째, 그 이익은 특정한 목적이나 관점에 한정되어서는 안 되며 다양한 삶의 방식에 열려 있는 방식으로 증진되어야 한다. 즉 아이의 자율성과 미래의 선택 가능성을 훼손하지 않는 범위 내에서 교육하고 지도해야 한다.

비지배를 극대화하려는 공화주의적 기획은 어린이나 의존이 필요한 일부 성인들에게는 일반적 범주의 비지배적 선택이 제한될 수 있다고 인정한다. 이는 그들의 발달이나 보호를 위한 필요에서 비롯된 것이다. 그러나 이 경우에도 그들에 대한 지배는 결코 정당화되지 않는다.

공동체주의적 이상

페팃은 공동체주의자가 아니다. 페팃이 말하는 공동체주의는 시민들의 애착과 헌신을 이끌어 내려는 정치적 태도, 즉 로마 공화주의에서 강조한 '*res publica*'를 의미한다. 페팃은 이러한 공동체주의적 이상이 비지배 자유를 실현하는 과정에서 자연스럽게 따라온다고 강조한다.

비지배 자유에 근거한 공동체주의적 선은 사회적 선이

면서 동시에 공공선의 성격을 띤다. 특정 집단의 구성원들에게 선을 증진하거나 제한하려는 조치가 다른 구성원들에게도 동일하게 적용될 수 있어야 비로소 공공선이라고 할 수 있다. 이는 사람들이 상호적이고 의도적인 관계 속에서 상호작용할 때 실현될 수 있다는 점에서 사회적이고, 일부 혹은 모든 타인을 위해 실현될 수 있다는 점에서 공통적이다.

비지배 자유는 공동체주의적 성격을 띤다. 사람들이 공동체적 상호작용 속에서 연관되는 제도적 틀 안에서만 실현될 수 있기 때문이다. 한 사람이 비지배를 온전히 향유하려면 그가 속한 취약 계층의 다른 구성원들 역시 비지배를 실현해야 한다.

그러나 국가는 특정 집단에 맹목적 애국심이나 일체감을 요구하는 대상이 되어서는 안 된다. 공화주의적 관점에서 국가는 상이한 집단 간의 이해를 조정하고 타협을 가능케 하는 제도적 장치로 기능해야 한다. 이때 국가는 비지배 자유를 보장하는 공공의 중재자로서 시민 간의 평등한 관계를 제도적으로 보장하는 데 초점을 맞춰야 한다.

비지배 자유는 감정적 확신에서 비롯되는 것이 아니라 법적·사회적 존재를 전제한다는 점에 유의해야 한다. 이는 타인이 자의적으로 간섭할 가능성을 원천 차단해야 할 뿐 아니라 그러한 간섭에 접근할 수 있는 수단 자체가 존재하지 않도록 제도적으로 보장해야 함을 의미한다. 이러한 맥락에서 젠더, 민족성, 인종, 성적 지향 등의 정체성이 취약한 집단에 대해 공공선을 확립해야 한다. 이들이 소수자이지만 소수자로 취급받지 않을 때, 비로소 비지배 자유를 누린다고 할 수 있다.

비지배 자유가 지닌 공동체주의적 특징은 공동체의 자유가 개인의 자유 못지않게 근본적인 개념임을 시사한다. 따라서 공동체주의자들의 주장처럼 사람들은 공동체의 자유를 실질적으로 증진하는 국가에 일체감을 느낄 이유가 있다.

참고문헌

Pettit, P.(1997). *Republicanism: A Theory of Freedom and Government*. Oxford: Oxford University Press. 곽준혁 옮김(2012). ≪신공화주의: 비지배 자유와 공화주의 정부≫. 나남.

Pettit, P.(2014). *Just Freedom: A Moral Compass for a Complex World*. New York: W.W. Norton & Company. 곽준혁·윤채영 옮김(2019). ≪왜 다시 자유인가: 공화주의와 비지배 자유≫. 한길사.

06
신공화주의의 명분과 정책들

신공화주의는 시민들이 동등한 지위에서 자유를 누리고 공공선에 참여할 수 있는 조건을 제도적으로 마련하며, 변화하는 현실에 맞춰 유연하게 적용될 수 있다. 신공화주의적 언어는 시민들의 요구를 정치적 의제로 전환하고 환경주의, 페미니즘, 사회주의, 다문화주의 등 다양한 현대적 문제와 조화를 이룰 수 있다. 또한 신공화주의는 정책적으로 대외 방어, 국내 보호, 개인적 자립, 경제적 번영, 공적 생활 등 다섯 영역에서 시민의 비지배 자유를 보장하고 증진하는 데 초점을 맞춘다.

신공화주의를 어렵게 만드는 다섯 가지 명분

페팃은 비지배 자유 개념에 기반한 공화주의가 비현실적이지도, 유토피아적이지도 않다고 주장한다. 더 나아가 공화주의 이론이 물질적 평등 부분을 제외한 다른 영역에서는 롤스가 제시한 반성적 평형의 기준을 통과할 수 있다고 확신한다. 반성적 평형이란 정의의 원칙과 도덕적 직관 사이에 일관성을 확보하기 위한 규범적 절차를 뜻한다(Rawls, 2003: 56).

페팃은 신공화주의의 정당성을 확장하기 위해서는 신공화주의와 긴장 관계에 있는 명분들에 대해 성찰할 필요가 있다고 주장한다. 신공화주의적 언어는 공동체 내에서 발생하는 지배에 대한 불평을 넘어 더욱 근본적인 불만을 표현할 수 있게 하는 역할을 수행한다. 신공화주의 전통에서 시민들은 타인에게 굴복하거나 비굴하게 비위를 맞추지 않는 자주적 삶을 추구해 왔다. 페팃은 신공화주의적 언어를 근거 삼아 환경주의, 페미니즘, 사회주의, 다문화주의와 같은 다양한 입장들이 제기하는 문제들을 효과적으로 해소할 수 있다고 본다.

우선 페팃은 신공화주의적 언어가 환경주의에 미칠 수 있는 영향을 점검한다. 인간중심적 국가에 기반한 신공화주의는 환경주의와 조화를 이루기 어려워 보인다. 그렇다고 해서 급진적 환경주의자들의 주장이 설득력을 갖는 것은 아니다. 그들의 주장은 보편적 정당성은 물론 시민 다수의 동의를 이끌어 내지 못하고 있다. 따라서 급진적 환경주의적 입장을 공적 논의의 장에서 효과적으로 제기하려면 실용주의에 근거한 신공화주의적 언어가 필요하다.

페미니즘의 관점에서 신공화주의는 로마 전통에 뿌리를 둔다는 점에서 비판의 여지를 갖는다. 로마 전통에서 시민은 대개 남성이며 '비르투(*virtu*)'와 같은 핵심 개념 역시 남성성과 밀접하게 연관되어 있기 때문이다. 이는 전통적 공화주의가 남성 중심 사회를 암묵적으로 전제했음을 시사한다. 그러나 페팃은 과거의 전통을 따르자는 것이 당시의 모든 관습이나 사회 구조를 그대로 계승하자는 것이 아니라 그 핵심 원칙과 가치를 현대적 맥락에서 계승하고 발전시키자는 뜻이라고 변호한다. 따라서 과거 공화주의 전통에 내포된 성별 배제의 요소들이 오늘날의 공화주의의 정당성을 훼손하는 근거가 되지는 않는다고 주장한다.

카를 마르크스(Karl Marx)를 중심으로 한 사회주의 전통은 공화주의와 접점을 이룰 수 있다. 예컨대 신공화주의에서 주인과 노예의 관계에 대한 설명은 마르크스가 말한 부르주아와 프롤레타리아 간의 대립적 관계와 유사한 구조를 지닌다. 마르크스는 고용주와 피고용인 간의 계약이 자유롭고 평등한 관계에서 체결되는 것이 아니라 기울어진 운동장 위에서 이루어지는 일종의 노예 계약에 가깝다고 주장한다. 이러한 비판에는 공화주의자들도 공감할 수 있다. 더 나아가 이러한 불평등한 계약 구조가 집단적 저항이나 과격한 정치 행동으로 이어지는 것 역시 일정 부분 포용할 수 있다. 신공화주의는 이를 단순한 무질서로 보지 않고 사람들이 서로의 눈을 부릅뜨고 볼 수 있는 능력(똑바로 쳐다보기 실험)을 강조한다. 이는 비지배 자유를 지닌 시민이라면 누구나 갖추어야 할 지배에 대한 경계 능력을 의미한다. 그러나 공화주의는 사유재산과 관련된 사회주의의 주장에는 반대할 것이다(Pettit, 2019: 153).

다문화주의는 페미니즘이나 사회주의와는 구별되는 방식으로 접근해야 한다. 전통적 공화주의가 강력한 공동체주의적 문화를 전제하며 발전해 왔기 때문이다. 로마에서의 공화주의는 문화적 통일성을 중시했지 다양한 문화의 공존을 적극적으로 설명하거나 지지하지는 않았다. 따라서 다문화주의는 환경주의와 유사한 방식으로 논할 필요가 있다. 즉 신공화주의의 원칙을 재해석하고 확장하려는 시도가 필요하다. 예컨대 비지배 자유는 아메리카 원주민의 문화를 존중하고 크리스토퍼 콜럼버스(Christopher

Columbus) 이후 정착자들을 침입자로 인식하는 관점을 정당한 주장으로 받아들일 수 있다. 신공화주의가 이처럼 다양한 가치와 요구를 받아들일 수 있는 이유는 비지배 자유라는 이상이 본질적으로 유연하고 변화에 열려 있기 때문이다.

신공화주의적 정책들

페팃이 제시하는 신공화주의는 결과주의적 윤리관에 기반하므로 독단적이거나 교조적인 성격을 띠지 않는다. 이러한 성격에 기초한 신공화주의적 정책 결정의 주요 영역은 다섯 가지로 구분된다.

첫째는 대외 방어다. 과거 공화주의 국가는 외부 침략에 언제든 대응할 수 있도록 철저히 무장하는 것을 미덕으로 여겼다. 심지어 선제공격도 적절한 방어 수단으로 간주되었다. 또한 상비군보다는 시민군을 선호했으며 이 때문에 군사 쿠데타가 발생한 사례도 있다. 과거 사례를 반면교사로 삼아, 신공화주의 국가는 권력을 무조건 강화하기보다 유엔과 같은 국제사회와 협력해 안보를 유지하는 것이 바람직하다고 본다.

둘째는 국내 보호다. 이는 주로 형벌 제도와 관련된다. 형법은 효율적인 법 집행 수단이 될 수 있지만 무고한 사람들에게 공포를 야기하기도 하는 양날의 검이다. 페팃이 보기에 형벌 제도의 가장 큰 문제는 경찰 권력에 있다. 현대 국가는 대체로 큰 정부를 지향하며 이는 경찰 권력의 확대를 의미한다. 그 결과 시민들은 비지배 자유를 누리기보다는 경찰의 감시와 개입을 의식하게 되는 상황에 놓일 수 있다. 또한 페팃은 형벌 제도가 여전히 비난과 보복의 논리에 머무르고 있다고 지적한다. 이에 처벌이 단지 응보에 그쳐서는 안 되며, 교정을 통해 침해자가 자유로운 희생자의 지위를 인정하도록 하고 위협이 반복되지 않으리라는 확신을 제공해야 한다고 주장한다. 이 과정에는 배상과 같은 실질적 보상이 수반되어야 한다. 페팃은 인정(recognition), 보상(recompense), 확신(reassurance) 등 세 가지 R을 추구해야 한다고 주장한다.

셋째는 개인적 자립이다. 개인이 비지배 자유를 실현하려면 누구에게도 비굴하지 않아야 한다. 그러므로 사회적으로도 자선에 의지하지 않아야 한다. 페팃은 개인적 자립을 아마르티아 센(Amartya Sen)의 역량 개념을 차용해 설명한다. 역량이란 단지 기회를 주는 것이 아니라 개인이 목표를 실현할 수 있도록 하는 실질적 조건과 능력을 보장하는 것을 의미한다(Sen, 2019: 259-260). 이를 위해 문해력, 기본적인 수리 능력, 일할 기회, 의료 서비스, 교통수단 등 기본 조건들이 보장되어야 한다. 이러한 기본적 역량이 보장되지 않으면 행위자가 선택할 수 있는 비지배 자유의 범위가 축소되고 타인에 의한 조정이나 착취로 이어지는 강한 형태의 지배가 발생할 수 있다.

넷째는 경제적 번영이다. 페팃은 경제적 번영이 비지배 자유를 증진하는 한에서만 가능하다고 주장한다. 경제적 번영은 다양한 법률·정책과 밀접한 관련이 있다. 그 대표적인 예로 19세기 초의 계약법을 들 수 있다. 이 시기의 계약법은 개인을 자율적이고 이성적인 존재로 간주하며 당사자 간에 자유롭게 체결된 계약이 법적 구속력을 지닌다고 보았다. 이전에는 계약 당사자의 성별, 지위, 나이 등에 따른 불공정한 계약이 허용되었고 때로는 주인과 노예의 관계처럼 일방적인 지배가 정당화되기도 했다. 공화주의는 이러한 형태의 경제적 번영을 거부하며 모든 이가 동등한 주인의 위치에서 자유롭게 계약하고 참여할 수 있는 조건에서의 경제적 번영을 추구한다.

다섯째는 공적 생활의 영역이다. 페팃은 비지배 자유를 실현하기 위해서는 시민들이 공공선을 적극적으로 추구해야 한다고 본다. 그러나 현대 사회에서는 다양한 요인으로 인해 공공성이 점차 약화하고 있다. 물리적·공적 공간의 축소가 그 요인 중 하나다. 아파트로 대표되는 현대적 주거 형태는 이웃 간의 자연스러운 교류를 어렵게 만들며 시민들이 서로 다른 삶의 영역을 이해하고 그에 접촉할 기회를 차단한다. 정보 편향의 문제도 있다. 시민들은 대체로 신문, 텔레비전, 인터넷 등 대중매체를 통해 정보를 접한다. 그러나 이러한 매체들은 자극적이고 선정적인 이슈에 집중하거나 왜곡된 정보를 제공함으로써 공적 담론의 왜곡을 초래한다. 시민들의 실제 목소리가 반영되지 못한다는 문제점이 발생하기도 한다. 언론은 종종 특정 이해관계를 대변하면서 여론을 조작하거나 자사의 입장을 전체 시민의 의견인 양 포장하기도 한다. 이는 집단적 동조 현상을 유도하고 민주적 의사소통 구조를 훼손한다. 신공화주의는 이러한 문제들을 극복하고 시민들이 자유롭고 평등하게 의견을 교환하며 공공선을 형성할 수 있는 환경을 중시한다.

참고문헌

Pettit, P.(1997). *Republicanism: A Theory of Freedom and Government*. Oxford: Oxford University Press. 곽준혁 옮김(2012). ≪신공화주의: 비지배 자유와 공화주의 정부≫. 나남.

Pettit, P.(2014). *Just Freedom: A Moral Compass for a Complex World*. New York: W.W. Norton & Company. 곽준혁·윤채영 옮김(2019). ≪왜 다시 자유인가: 공화주의와 비지배 자유≫. 한길사.

Rawls, J.(1971). *A Theory of Justice*. Cambridge: Belknap Press of Harvard University Press. 황경식 옮김(2003). ≪정의론≫. 서광사.

Sen, A.(2009). *The Idea of Justice*. Belknap Press of Harvard University Press. 이규원 옮김(2019). ≪정의의 아이디어≫. 지식의날개.

07
입헌주의와 민주주의

신공화주의는 국가 권력과 결탁한 지배도 방지해야 한다. 이를 위해 페팃은 법의 제국, 권력 분립, 반다수결주의라는 세 가지 조건을 제시한다. 더 나아가 신공화주의는 민주주의를 입헌주의와 결합해 '견제 민주주의'로 발전시킨다. 이는 심의적 토론, 소수 의견을 포용하는 제도, 공론장을 통한 반응적 의사결정을 통해 실현된다.

입헌주의의 실현 수단, 혼합정

비지배 자유는 임의적 지배를 방지하기 위한 이론적 틀을 제공하며, 이를 통해 시민은 권력자를 지속적으로 견제할 권한을 갖는다. 이와 동시에 시민은 권력자에 대한 견제 책임을 지닌다. 즉 신공화주의는 개인의 자유 실현을 위해 국가 권력의 최소화를 지향하며, 이는 혼합정의 전통 속에서 이해될 수 있다(Pettit, 2013: 170).

아테네 혼합정과 로마 혼합정의 차이는 크게 세 가지로 구분해 이해할 수 있다. 첫째는 목적의 차이다. 아리스토텔레스는 혼합정을 통해 국가가 단일한 정체성을 갖지 않게 하고 계급 간 균형을 유지해야 한다고 주장했다. 또한 다수의 판단이 모이면 훌륭한 결정을 내릴 수 있으며, 비전문가도 법률에 근거하면 전문가 못지않은 판단력을 발휘할 수 있다고 보았다. 따라서 최적의 국가는 중간 계급이 통치하는 국가라고 주장했다(아리스토텔레스, 2009: 3권 17장). 한편 로마의 정치 체제는 상원이 정치적 의견을 제안하고, 시민이 이를 결정하며, 판사들이 집행하는 구조를 갖춘 혼합정이었다(Crick, 2002: 24). 신공화주의에서 추구하는 혼합정 역시 이러한 권력 분립과 상호 견제 장치를 통해 자의적 권력의 발생을 억제하고 시민의 자유와 평등을 보호하려 한다.

둘째는 혼합정 개념을 둘러싼 차이다. 아리스토텔레스의 혼합정은 토마스 아퀴나스(Thomas Aquinas)에 의해 활용되면서 주목받기 시작했다. 아퀴나스는 혼합정을 지칭할 때 주로 '*politia*', '*civitas*', '*regnum*', '*provincia*' 등의 용어를 사용했다. 반면 피렌체 공화국의 인문학자 레오나르도 브루니(Leonardo Bruni)는 로마의 혼합정을 언급할 때 '*res publica*'라는 용어를 사용했으며, 이후 '*res publica*'는 공익을 위해 다수가 지배하는 정치 체제를 가리키는 고유한 개념으로 확고히 자리 잡았다(김경희, 2018: 106-107).

셋째는 국가관의 차이다. 아리스토텔레스를 비롯한 고대·중세 정치철학자들은 국가를 인간의 신체에 비유하는 유기체적 정치체론을 주장했다. 이에 따라 국가는 중용을 실현함으로써 건강한 상태를 유지하려 한다고 여겨졌다. 한편 마키아벨리는 이러한 관점을 버리고 고대 의학의 체액론을 정치에 적용하는 방식으로 개념을 전환했다. 체액론에 따르면 혈액, 점액, 흑담즙, 황담즙 등 네 가지 체액의 균형 여부에 따라 인간의 성격과 건강 상태가 결정된다(김경희, 2018: 216). 이러한 맥락에서 마키아벨리는 국가를 유지하기 위해 갈등의 정치학을 긍정적으로 이해하고, '의견 불일치'의 제도화를 강조했다. 여기서 불일치란 서로 다른 의견을 지닌 정당 간의 경쟁을 의미한다(Bellamy, 2007: 83).

마키아벨리는 시민과 귀족이라는 두 계급이 활발히 갈등할 때 국가가 오히려 건강한 상태에 있다고 보았다. 갈등 자체가 공화국을 유지하는 동력이기 때문에, 부자와 평민 사이의 파벌 또한 지속되어야 한다고 여겼다. 마키아벨리는 특정 세력이 통제권을 독점한 채 법을 만들기 시작하면 공화국이 쉽게 타락한다고 경고했다. 그러면 귀족정은 기득권층의 이익만을 대변하게 되고, 민주정 역시 파벌의 영향력에 좌우될 위험이 높아지기 때문이다.

입헌주의와 조작 불가능성

신공화주의 국가는 지배에 맞서 싸워야 할 뿐 아니라, 국가의 권위와 결합될 수 있는 형태의 지배도 방지해야 한다. 신공화주의 전통에서는 정부가 자의적 조작에 좌우되지 않는 것을 중요한 가치로 간주해 왔다. 그렇다면 공화주의적 국가에서 권력자나 자의적 권력을 지닌 사람이 조작할 수 없도록 하기 위해서는 어떤 방법이 필요한가?

페팃은 세 가지 조건을 제시한다. 첫째 조건은 법의 제국이다. 법의 제국에서 법은 보편적이어야 하며 모든 사람에게 적용되어야 하고 누구나 쉽게 이해할 수 있도록 일관성을 갖춰야 한다. 이는 입법자가 자의적 권력을 갖는 것을 경계하기 위함이다. 위의 조건이 충족됐다면 어떠한 법이 도입되더라도 만족스러울 것이다. 그러나 마르크스주의자들은 법의 지배가 특정 계급의 이익을 반영하는 편향성을 띤다고 지적했다.

둘째 조건은 권력 분립이다. 국가 권력을 좌지우지할 수 있는 요직에 있는 사람들의 권한은 반드시 분산되어야 한다. 매디슨은 입법, 행정, 사법 기능이 분리되지 않는 것은 전제정과 다르지 않다고 주장했다(Madison et al., 1987: 303). 권력 분립을 위한 또 다른 조치는 양원제다. 양원제는 의회를 독립된 두 원으로 구성하는 정치 제도로, 기능적 역할에 따라 상원과 하원이 나뉜다.

셋째 조건은 반다수결주의다. 민주주의는 일반적으로 다수의 의지에 따라 정치적 결정이 이루어지지만, 이러한 다수의 의지는 종종 동조 현상이나 인지적 편향의 영향을 받기도 한다. 따라서 민주적 절차를 거쳐 내려진 결정이더라도 항상 타당하다고 단정할 수 없다. 다시 말해 다수결의 원리가 언제나 정당한 것은 아니다. 그러므로 페팃은 신공화주의의 시민이 공공 정책을 실행할 때 대표자와의 '공동

저자'보다는 '편집자' 역할을 해야 한다고 주장한다(Pettit, 1999: 148).

민주주의와 견제력

민주주의와 입헌주의는 종종 혼용되지만 본질적으로 구별된다. 민주주의가 시민 대표의 선출에 중점을 두는 반면, 입헌주의는 법의 지배에 따른 통치 원리를 강조한다. 민주주의에서는 공적 결정권을 행사할 때 전통적으로 암묵적 동의 방식이 활용되어 왔다. 동의는 개인 간 동등한 입장에서의 자유로운 선택이라기보다는 한쪽이 상대방에게 혜택을 제공하는 형식이다. 그러므로 민주주의에 기반한 대리자는 시민의 의지를 대표해 전달하는 역할에 그쳐야 하지만, 현실에서는 자신의 권위를 남용할 위험이 있다.

민주주의에서 공적 의사결정에 대한 견제가 달성되려면 세 가지 전제 조건이 충족되어야 한다. 첫째 조건은 의사결정이 잠재적 정당성을 갖춘 방식으로 이루어져야 한다는 것이다. 페팃은 이를 '심의적 공화국'이라고 칭하며 여기에는 토론 중심 의사결정 방식이 적절하다고 주장한다. 페팃은 특히 흥정 중심 의사결정 방식을 비판한다. 흥정 중심 의사결정이란 각 행위자의 현실적 이익을 전제로 의견 합의를 도출하는 방식을 의미한다. 반면 토론 중심 의사결정은 논의 대상의 본질과 의미를 질문하며 궁극적 합의에 이르고자 한다. 즉 흥정 중심 의사결정에서는 이익과 선호가 주어진 것으로 간주되는 반면, 토론 중심 의사결정에서는 이익과 선호가 형성된다.

페팃과 스키너, 캐스 선스타인(Cass Sunstein)은 토론 중심 의사결정이 하버마스가 주장하는 담론 윤리(Diskurs-ethik)와 유사하다고 주장한다. 담론 윤리는 이성적 합리성을 지닌 행위자들이 절차적 공정성과 타인에 대한 존중을 바탕으로 토론함으로써 합의가 가능하다고 주장한다. 그러나 페팃은 토론 중심 의사결정이 담론 윤리의 필요충분조건으로 규정되는 것에 대해서는 회의적이다. 페팃은 당장의 합의가 이루어지지 않더라도 심의를 진행하는 일 그 자체가 견제력을 발휘한다고 보기 때문이다. 즉 페팃은 토론이 모든 분야에서 정책의 적실성을 검토할 기회를 제공하므로 효과적 견제 수단이 될 수 있다고 주장한다.

공적 의사결정에 대한 견제 달성의 둘째 조건은 다양한 통로와 목소리가 반영되어야 한다는 것이다. 페팃은 이를 '포용적 공화국'으로 명명한다. 포용이란 소수 권리를 지닌 집단의 의견을 적극적으로 청취하는 것을 의미한다. 이러한 포용은 동정심에 기반한 것이 아니다. 견제 민주주의가 작동하려면 의사결정이 공언된 공통의 관심사에 대한 숙고에 바탕을 두어야 한다. 그리고 시민은 어떤 정책이나 법안에 대해 충분한 숙고가 이루어지지 않았다거나 지지할 수 없다는 이유만으로도 이의를 제기할 수 있어야 한다. 정치 분야에서의 남녀동수법과 사법 분야에서의 배심원 제도는 포용의 구체적 사례로 볼 수 있다.

셋째 조건은 견제의 목소리가 청취될 수 있는 적절한 공적 포럼이 마련되어야 한다는 것이다. 페팃은 이를 '반응적 공화국'으로 칭한다. 반응적 공화국이란 심의와 포용이 적절히 보장된 상태를 의미한다. 이 상태에 이르려면 의견을 청취할 수 있는 포럼, 즉 공론장이 필요하다. 더 나아가 이는 적절한 청취를 보장하는 절차가 무엇인지에 대한 논의로 이어진다. 그러한 절차는 자율적·전문적 식견을 갖추고 현실 정치와는 무관한 제3의 기구에 의해 결정되어야 한다.

이러한 논의는 견제를 요구하는 이들에게 어떤 결과가 제공되어야 그들이 만족할 수 있는지의 문제로 확장된다. 이는 소지역 이기주의와 같이 자신들의 이익을 우선시하는 문제와도 관련된다. 모든 지역에 동일한 이익을 제공할 수 없는 상황은 불가피하며 이에 따라 전체의 이익을 균형 있게 반영한 정책을 수립할 필요가 있다. 임신중절, 원주민 전통법과 현대법의 충돌, 군 복무 대체 제도 등은 이러한 복잡한 현실적 딜레마를 잘 보여 주는 사례다.

참고문헌

김경희(2018). ≪근대 국가 개념의 탄생: 레스 푸블리카에서 스타토로≫. 까치.

아리스토텔레스 지음, 천병희 옮김(2009). ≪정치학≫. 숲.

Bellamy, R.(2007). *Political Constitutionalism: A Republican Defence of the Constitutionality of Democracy*. New York: Cambridge University Press.

Crick, B.(2002). *Democracy: A Very Short Introduction*. Oxford: Oxford University Press.

Madison, J. et al.(1987). *The Federalist Papers*. Kramnik, I.(ed.). Harmondsworth: Penguin.

Pettit, P.(1997). *Republicanism: A Theory of Freedom and Government*. Oxford: Oxford University Press. 곽준혁 옮김(2012). ≪신공화주의: 비지배 자유와 공화주의 정부≫. 나남.

Pettit, P.(1999). Republican Freedom and Contestatory Democratization. In Shapiro, I. & Hacker-Cordón, C.(eds.). *Democracy's Values*, pp. 163-190. Cambridge: Cambridge University Press.

Pettit, P.(2013). Two Republican Traditions. In Niederberger, A. & Schink, P.(eds.). *Republican Democracy: Liberty, Law and Politics*. Edinburgh University Press.

08
제재와 선별

비지배 자유에 근거한 신공화주의에서는 시민과 국가가 서로 견제해 균형을 이루어야 한다. 페팃은 인간 본성의 부패 가능성을 고려해 제재와 선별 제도로 이를 통제한다. 또한 신공화주의는 비지배 자유를 실현하면서 공공선을 추구할 수 있도록 회복적 정의를 도입해 범죄자의 사회 복귀와 피해 회복을 중시한다.

규제의 두 가지 방식

입헌주의와 민주주의에서 제도들은 정부의 정책 결정에서 자의성을 최소화하기 위해 고안된 견제 장치다. 더 나아가 인간 본성의 불완전성을 고려할 때, 국가를 운영하는 공직자에 대한 추가적인 견제 장치 또한 요구된다. 공직자의 과도한 열정은 비지배 자유를 추구하는 공화주의에서 비교적 쉽게 통제된다. 이는 비지배 자유가 법적 근거 없이 자의적으로 행동할 여지를 제공하지 않기 때문이다.

그러나 페팃의 신공화주의는 인간이 본질적으로 부패 가능성을 지닌 존재임을 전제한다. 아무리 도덕적으로 살아온 사람이라도 강력한 유혹 앞에서는 쉽게 무너질 수 있으며 특히 제한 없는 권력의 유혹은 견뎌 내기 어렵다. 글라우콘의 '기게스의 반지' 사례가 이를 잘 보여 준다. 기게스의 반지는 착용자를 투명하게 만드는 힘을 지닌 반지다. 목동이 이 반지를 얻어 왕을 살해하고 왕비를 유혹해 왕국을 장악했다는 이야기다. 즉 처벌이나 감시가 없다면 누구나 비도덕적으로 행동할 수밖에 없음을 보여 준다.

그렇다면 이러한 비도덕적 개인을 막기 위해서는 어떤 방법이 필요할까? 페팃은 이를 막을 수 있는 제도적 방법으로 '제재'와 '선별'을 고안한다. 제재란 처벌과 보상을 통해 행위자를 통제하는 것을 의미한다. 소극적 제재가 부적절한 선택을 한 행위자에게 가해지는 처벌이라면, 적극적 제재는 적절한 선택을 한 행위자에게 주어지는 보상이다. 비롤리에 따르면 로마 시대에는 범죄의 경중을 따지지 말고 철저히 처벌해야 한다는 전통이 존재했다. 비롤리는 특히 유명 인사나 정치권력을 가진 인물일수록 더욱 엄격하게 처벌해야 한다고 주장한다. 마키아벨리 역시 이들 인물에 대한 처벌을 '뇌리에 각인되는 처벌'로 표현하며 시민들에게 경각심을 주는 본보기로 삼아야 한다고 강조했다. 개인적 차원에서 피해자가 가해자를 용서하는 것은 가능하나, 국가가 나서서 범죄자를 관대하게 대하는 것은 결코 정의로 볼 수 없다는 것이다(Viroli, 2006: 193-196).

선별은 행위자들이 특정한 선택들을 할 수 있게 도와주거나 그것들을 허용하지 않음을 뜻한다. 선별은 특정 행위자나 선택지를 배제하거나 새로운 행위자와 선택지를 포괄하는 과정을 포함한다. 선별의 방법으로는 공직 수행에 필요한 적격성을 판단하기 위한 임명, 검토, 조사 절차 등이 있다.

일탈자 중심의 규제에 대한 반대

신공화주의적 관점에서 현재 국가의 안정을 위해 일탈 가능성이 있는 이들을 처벌하는 전략은 존재하지만, 아직 부패하지 않은 구성원을 대상으로 한 전략은 부족하다. 전자는 '일탈자 중심' 전략으로, 후자는 '순응자 중심' 전략으로 구분할 수 있다.

기존 국가 통제는 주로 일탈자 중심 전략에 의존해 왔다. 그러나 이 전략은 사람들 대다수가 악인이 아니며, 정당한 요구에는 순응하는 경향이 있다는 사실을 간과한다. 페팃은 일탈자 중심 전략의 문제점을 크게 여섯 가지로 유형화한다. 첫째, 과도한 통제는 덕의 은폐를 초래해 존경과 신뢰를 기반으로 형성되는 내적 동기를 약화한다. 둘째, 무차별적 제재는 본래 규범을 준수하던 이들까지 잠재적 일탈자로 간주하게 하는 낙인 효과를 초래한다. 셋째, 제재에 기반한 표면적 순응은 보상이 부족하거나 유혹이 발생할 경우 쉽게 무너지는 제재 의존성을 갖는다. 넷째, 강압적 조치는 구성원에게 소외감과 반발심을 유발해 규범 준수 동기를 저하시키는 반항 효과를 불러온다. 다섯째, 강한 제재 환경에서는 내부 결속이 오히려 강화되어 내부 고발이 위축되고 책임이 외부로 전가되는 집단 방어가 나타날 수 있다. 여섯째, 과도한 제재는 자발적 순응자를 조직에서 이탈하게 하고 제재에 둔감한 이들만을 잔존·유입시키는 역선택을 초래한다. 요컨대 일탈자 중심 전략은 부패한 행위자를 통제하는 데에는 효과적이지만 공공선 추구와 공동체 결속 강화에는 한계가 있다.

페팃은 이에 대한 대안으로 순응자 중심 전략을 제시한다. 순응자 중심 전략은 세 가지 원칙을 제시한다. 첫째 원칙은 '제재에 앞선 선별'이다. 공공성을 추구하는 행위자들은 제재 없이도 순응을 유도할 수 있다. 선별은 행위자뿐 아니라 선택지에도 적용 가능하다. 즉 적절한 권리 부여와 제도적 장치로 올바른 행동을 촉진한다. 공정한 절차와 다양한 구성원들을 배정하는 배심원 선발이 이에 해당한다. 또한 선택지 자체에 선별을 적용해 고발 기회 제공, 법률 자문 등 행위자들이 적절히 행동하도록 유도하는 제도적 장치도 가능하다.

둘째 원칙은 '순응자를 지지하는 형태의 제재'다. 페팃은 제재가 부작용을 동반하지만 완전히 불필요한 것은 아니라고 본다. 단, 페팃이 제안하는 제재는 기존 제재와 달리 자발적이며 순응을 촉진하는 방식을 취한다. 가장 효과적인 제재 수단은 개인의 평판에 기반한 보상과 처벌이다. 키케로와 몽테스키외는 인간 모든 행위의 원천이 명예라고 보았으며 영광과 수치심은 권력 남용을 방지하는 예방적 역할을 한다고 주장했다. 이러한 영광과 수치심이 전통사회에만 적용된다는 반론도 있으나, 페팃은 인간이 본질적으로 수치심을 지니고 타인의 칭찬과 비난에 민감한 존재임을 강조한다. 긍정적 평판은 덕성을 강화하고, 부정적 평판은 억제 효과를 발휘함으로써 제재가 의도적으로 강압적이지 않으면서도 규율 기능을 수행하게 한다. 이러한 평판 기반 제재는 '보이지 않는 손'처럼 자발적으로 작동할 수 있다.

셋째 원칙은 '부정행위에 대처하기 위한 구조화된 제재'다. 순응자 중심 전략에 따르면 제재에 앞서 선택지들의 선별이 우선시되어야 하며 제재가 필요하더라도 그것은 가능한 한 순응자를 지지하는 방향으로 나아가야 한다. 그러나 사회에는 언제나 사익을 추구하는 일탈자가 존재하므로 이들을 다룰 수 있는 적절한 제재도 마련되어야 한다. 이는 본성이 악한 자들도 규칙을 따르도록 강제하는 제재다. 여기에는 단계적으로 강화되는 처벌 체계가 효과적이다. 낮은 수준에서는 설득과 평가 같은 부드러운 제재를 적용하고, 심각한 위반자에게는 점차 엄격한 처벌을 가한다. 페팃은 이런 단계적 제재 체계가 없는 일탈자 중심 전략을 권장하지 않으며 순응자 중심 전략이 이상적인 공화국 안정에 더 적합하다고 결론짓는다.

순응자 중심 전략의 심화: 회복적 정의

신공화주의는 시민들이 자유를 누리면서도 공공선을 위해서라면 일정한 간섭을 받을 수 있다고 논한다. 이에 따라 신공화주의자들은 간섭은 존재하되 지배가 없는 사회를 추구한다. 즉 비지배 자유는 지배가 없는 간섭을 인정하므로 국가의 개입을 기꺼이 수용할 수 있다. 그러나 국가의 개입이 정당한 간섭인지 아니면 지배에 해당하는지 판단하는 것은 여전히 어려운 문제다. 국가는 합의된 개입을 정당하다고 주장하지만 그 개입이 시민의 자율성을 침해할 가능성이 존재한다. 또한 정부 역시 불완전한 정보를 바탕으로 정책을 결정하기 때문에 미래에 대한 오류 가능성을 배제할 수 없다.

이러한 문제를 고려할 때 신공화주의에서 추구하는 정의관에 대한 논의가 필요하다. 페팃은 브레이스웨이트의 개념을 차용해 공화주의가 지향하는 정의관을 '회복적 정의(restorative justice)'로 정립한다. 이는 형벌의 목적을 단순한 응징이 아니라 범죄자를 교육하고 공동체의 일원으로 복귀시키는 데 두는 관점이다. 응보적 정의는 가해자에게 형벌을 부과하는 데 초점을 맞추기 때문에 가해자가 자신의 잘못을 성찰하고 뉘우칠 기회를 충분히 제공하지 못한다. 반면 회복적 정의는 가해자의 행위를 비난하면서도 그것을 개인의 인격적 결함으로 단정하지 않는다. 오히려 가해자와 피해자가 대화를 통해 이해와 화해에 이르도록 한다. 또한 회복적 정의는 공동체의 역할을 강조함으로써 범죄를 개인의 문제로 한정하지 않는다. 따라서 회복적 정의는 단순히 형사 사법 체계를 개혁하는 데 그치지 않고 법체계 전반은 물론 가정, 직장 그리고 정치적 실천 영역에서까지 변화를 이끌 수 있는 원리를 제공한다(Braithwaite & Pettit, 1992: 5-93).

요컨대 신공화주의는 '비지배 자유'를 실현하는 것을 목표로 하며 이를 견제 민주주의를 통해 구체화한다. 국가와 시민은 상호 견제 속에서 균형을 이루어야 하며, 시민은 국가를 감시할 권한을 지니고 국가는 시민들의 중우정치를 방지하기 위해 입헌주의와 회복적 정의를 도입해야 한다. 결국 시민과 국가가 서로를 통제하면서 어느 한쪽으로 치우치지 않는 균형 잡힌 정치 체제를 유지하는 것이 신공화주의가 지향하는 이상이다.

참고문헌

Braithwaite, J. & Pettit, P.(1992). *Not Just Deserts: A Republican Theory of Criminal Justice*. Oxford University Press.

Pettit, P.(1997). *Republicanism: A Theory of Freedom and Government*. Oxford: Oxford University Press. 곽준혁 옮김(2012). ≪신공화주의: 비지배 자유와 공화주의 정부≫. 나남.

Viroli, M.(1999). *Repubblicanesimo*. Roma-Bari: Gius. Laterza & Figli S.p.A. 김경희·김동규 옮김(2006). ≪공화주의≫. 인간사랑.

09
시민적 교양

시민적 교양은 법의 정당성 인식, 평판 기반의 자발적 순응, 공동체 가치의 내면화와 일체화를 통해 형성되며 신뢰를 전제로 작동한다. 신공화주의는 시민적 덕성과 제도적 견제를 동시에 활용해 타인의 자의적 지배로부터 자유로운 상태를 보장하면서 시민들이 서로 신뢰하고 책임 있는 행동을 할 수 있는 사회를 지향한다.

시민적 교양의 필요성

페팃은 정치의 환경을 구축하기 위한 구체적 방안을 제시한다. 지배를 방지하기 위한 구체적 수단으로 '제재'와 '선별'을 제안한다. 페팃은 특히 선별의 중요성을 강조하면서 공화주의적 시민은 도덕적 가치에 대한 분별력을 길러야 한다고 주장한다. 즉 국가가 시민을 직접 제재하기보다는 시민들이 스스로 공공선에 대한 판단 능력을 갖추는 것이 바람직하다고 본다.

시민적 교양이 필요한 이유는 크게 세 가지로 요약할 수 있다. 첫째, 시민들이 법의 지배를 받아들이기 위해서는 그 법이 누구에게나 절차적으로 공정하고 정당하다는 인식이 필요하기 때문이다. 즉 시민들은 법의 지배가 확실하다면 이에 반하는 요구를 하지 않는다.

둘째, 시민적 교양이 현실에서 끊임없이 변화하는 이해관계를 판단할 수 있게 하기 때문이다. 기존 법질서에서 다루지 않았던 새로운 사안들이 등장할 때, 이를 새로운 가치관으로 규범화할 수 있는 능력도 필요하다. 이러한 덕목은 아이리스 매리언 영(Iris Marion Young)이 ≪차이의 정치와 정의(Justice and the Politics of Difference)≫에서 주장했듯 다양한 집단과 이해관계가 공존하는 신공화주의에 근거한 국가에서 특히 중요하다.

셋째, 시민적 교양이 법이 효과적으로 집행되는 데 필수적이기 때문이다. 공직자의 뇌물 수수, 환경오염, 가정폭력과 같은 문제에 대해 시민들은 언제든지 불만을 제기할 수 있어야 한다. 더 나아가 절도, 쓰레기 투기, 공공시설 낭비와 같은 일상적 문제들에 대해서도 시민들이 항상 경계심을 가지고 견제할 준비가 되어 있어야 한다. 즉 경찰이 순찰하며 감시하는 것보다 모든 시민이 스스로 경계를 세우고 문제를 경찰에 신고하는 것이 훨씬 더 효율적이다. 법을 억지로 지켜야 하는 것으로 인식한다면 이러한 태도는 불가능할 것이다.

시민적 교양의 공급

신공화주의는 국가 권력을 견제하고 균형을 이루기 위해 법적 제도와 시민들의 감시를 중시한다. 그러나 페팃은 이러한 제도만으로는 비지배 자유를 완전히 실현하기 어렵다고 우려한다. 그러면서 비지배 자유를 강화하는 데 규범의 역할이 필수적이라고 강조한다. 마키아벨리 역시 법이 지켜진다고 해도 '좋은 관습(*buoni costumi*)'이 없으면 법의 실효성이 떨어진다고 지적한 바 있다.

규범이 성립하려면 네 가지 조건을 갖춰야 한다. ① 관련 당사자들이 특정 행위에서 일정한 행동 패턴을 보여야 한다. ② 행위자들이 대체로 누군가가 그 행위를 할 때 찬성하고, 그러지 않을 경우 비난해야 한다. ③ 찬성하는 태도가 그 행위가 일어날 가능성을 높이거나 그 행동을 촉진해야 한다. ④ 공동체에 속한 행위자들이 공통의 인식을 불신하지 않아야 한다.

이어 페팃은 신공화주의에 근거한 국가에서 시민적 교양이 원활히 작동하기 위한 세 가지 조건을 제시한다.

첫째 조건은 법의 정당성 확보다. 국가는 법이 시민들의 삶에 대한 정당한 간섭임을 시민들이 인식할 수 있게 해야 한다. 이를 위해 비지배 자유가 단순한 권리가 아니라 법률에 의해 적극적으로 증진되도록 설계된 '선'임을 강조해야 한다. 또한 비지배 자유에 기반한 시민들이 누구의 지배도 받지 않는 주권을 지닌 주체임을 자각하게 해야 한다.

둘째 조건은 '보이지 않는 손'의 장려다. 여기서 말하는 보이지 않는 손은 비지배 자유의 맥락에서 시민들의 평판과 관련된 개념이다. 이는 국가가 은밀히 강요하는 지배적 이데올로기나 시장에서 통용되는 합리성과는 다르다. 오히려 시민사회에 속하면서도 국가가 운영하는 준자율적 공간인 병원, 학교, 대학, 방송국, 소비자 단체 등의 태도와 관련된다. 이들 영역은 경제적 효율성 논리나 지배적 이데올로기에 따른 세뇌 교육이 쉽게 자리 잡을 수 있는 곳이기도 하다. 따라서 이러한 영역에서 보이지 않는 손이 제대로 작동한다면 자발적이고 능동적인 시민적 교양이 함양될 수 있을 것이다.

셋째 조건은 내면화와 일체화다. 일체화는 개인적 자아가 공동체의 가치관을 자신의 목적과 가치에 유용한 것으로 여겨 받아들이는 것이다. 그러나 일체화는 공동체주의자들의 주장에서처럼 공공선이 개인의 자유보다 우선시될 수 있다는 문제점을 안고 있다. 페팃은 이러한 우려를 인정하면서도 비지배 자유는 타인과 연대하는 규범이기에 다르다고 주장한다.

페팃에 따르면 사회에서는 규범이 필연적으로 형성된다. 초기 사회에서 특정 행위 패턴이 찬반 과정을 거쳐 규범으로 정착한다. 이렇게 형성된 규범은 법의 정당성을 강화하며, 이때 법률은 시민적 교양에 크게 의존한다. 다시 말해 신공화주의는 제재와 선별 그리고 시민적 교양이 확산될 때 비로소 실현될 수 있다. 이처럼 시민적 교양은 사회 규범을 형성하는 기반이 되며 형성된 규범은 공화적 헌법을 뒷받침한다. 이로써 시민들은 이러한 헌법과 규범을 신뢰하고 자발적으로 준수하게 된다.

시민적 교양의 신뢰

시민적 교양을 함양하기 위해서는 공동체 내 신뢰가 필수적이다. 일반적으로 신뢰는 시민적 삶이 존재하는 사회에서 형성된다. 시민적 삶은 시민들이 가족 관계를 넘어 공통의 목적을 자발적으로 추구할 때 가능하다. 이는 국가의 강제에 의한 것이 아니라 다양한 결사체를 통해 이루어진다. 다양한 사회적 방향과 가치가 공존할 때 비로소 시민적 삶이 가능해진다.

신공화주의는 인간이 언제든 부패하거나 당파적으로 행동할 수 있다는 점을 전제하며, 체제에 대한 비판과 독재 권력에 대한 경계를 결코 늦추지 않는다. 이는 권위자에 대한 내적 불신이 아니라 제도적 절차와 견제를 유지하는 표현적 불신을 의미하며 신뢰와 양립할 수 있다. 시민들은 권위자의 덕성과 성실성을 믿더라도 부패 가능성과 자의적 권력을 방지하기 위해 감시와 견제를 지속해야 한다. 이러한 이중적 태도가 비지배 자유가 훼손되지 않고 존속할 수 있게 하는 조건이다.

신공화주의는 자유를 비지배로 이해하며 이는 타인의 자의적 의지에 종속되지 않는 상태를 뜻한다. 그러나 신공화주의는 상호 신뢰를 부정하지 않는다. 오히려 제도적 견제와 법적 장치로 지배를 방지하는 토대 위에서 시민적 덕성과 상호 신뢰를 쌓는 것이 비지배를 최대로 보장한다고 역설한다. 지나친 고립과 방어는 서로를 적으로 만들 뿐이기 때문이다. 이러한 신뢰는 제도적 안전장치와 타인이 신뢰를 저버리지 않도록 하는 시민적 교양을 통해 구현된다.

더 나아가 비지배 자유는 사랑이나 우정과 같은 관계에서 자발적 신뢰를 추구하며, 이러한 신뢰는 당사자들이 동등한 비지배 상태를 누릴 때에만 진정한 의미를 갖는다. 이러한 신뢰 행위는 헤겔에게서 '이성의 간계'라는 표현을 빌려 '위탁의 간계'라고 부를 수 있다. 신뢰를 주는 사람의 행동은 위험을 감수하는 투자와 비슷하지만 실제로는 그 위험이 크지 않다. 신뢰를 받은 사람이 그 신뢰를 저버리지 않도록 하는 강한 동기를 부여하기 때문이다. 다시 말해 '보이지 않는 손'처럼, 신뢰 행위는 상대방이 신뢰를 지키도록 유도하는 동기를 제공해 자신의 신뢰 가능성을 높인다. 그 결과 신공화주의에서 요구되는 경계심, 비지배 자유, 개인적 신뢰의 실천은 공존할 수 있다.

참고문헌

Pettit, P.(1997). *Republicanism: A Theory of Freedom and Government*. Oxford: Oxford University Press. 곽준혁 옮김(2012). ≪신공화주의: 비지배 자유와 공화주의 정부≫. 나남.

10
진정한 민주주의로 나아가는 힘

시민과 국가가 비지배 자유를 실현하는 데에는 시민의 조직적 통제와 연대 그리고 독립적 감시기구와 국제기구의 역할이 필수적이다. 정의롭고 민주적인 국가는 시민을 평등하게 대우하고 자유를 실질적으로 보장해야 하며, 억압적 지배가 발생할 경우에는 세계 시민사회와 국제사회가 연대해 이에 대응할 수 있어야 한다.

비지배 자유와 민주주의

페팃은 ≪신공화주의≫에서 어떻게 개인들이 상호 관계 속에서 비지배 자유를 누릴 수 있을지를 집중적으로 논한다. 더 나아가 ≪왜 다시 자유인가: 공화주의와 비지배 자유(Just Freedom: A Moral Compass for a Complex World)≫에서는 개인과 정부의 관계, 나아가 세계 각국과 국제기구의 관계 속에서 비지배 자유가 어떻게 실현될 수 있을지 탐구한다.

페팃은 모든 시민이 국가에 대해 행사할 수 있는 통제가 두 조건을 충족해야 한다고 주장한다. 첫째, 시민들은 정부가 대중에게 영향력을 행사하는 체계에 동등하게 접근할 수 있어야 한다. 둘째, 시민들이 활용하는 그 체계는 정부에 일정한 방향성을 부여할 수 있어야 한다. 그러나 페팃은 '인민적 통제'에 대체로 부정적이다. 이는 조지프 슘페터(Joseph Schumpeter)가 주장한 '엘리트 민주주의'로 이어질 수 있기 때문이다. 전통적 민주주의 이론가들은 인민을 합리적이고 이성적인 존재로 이해했다. 그러나 슘페터는 현실의 인민 다수가 정치에 대한 충분한 이해를 갖추지 못했으며 선동에 쉽게 휘둘릴 수 있다고 보았다. 따라서 인민에게는 대표자를 선출할 투표권만 부여하고, 그 외의 정치적 결정 권한은 선출된 대표자에게 위임해야 한다고 주장했다. 슘페터와 비슷하게 페팃도 모든 인민에게 정부 통제권을 부여하는 것은 오히려 더 큰 문제를 초래할 수 있다고 우려한다(Pettit, 2019: 201-202).

인민적 통제가 좋은 방향으로 나아가기 위해서는 공직의 개방된 선거가 필수적이다. 그럼에도 불구하고 완고한 소수자, 당파적 이해관계, 로비 등의 문제는 여전히 해소되지 않는다. 완고한 소수자의 문제는 옴부즈맨, 평등위원회, 감찰기관 등 독립적 기관에 호소할 수 있게 하는 제도적 장치를 통해 일정 부분 해소될 수 있다. 당파적 이해관계 역시 독립적인 선거관리위원회, 중앙은행, 감사관 제도의 도입을 통해 해결할 수 있다. 한편 로비 문제는 정치인 기부 한도 설정, 국가 보조금 지원의 진실을 보도할 수 있는 독립 언론을 통해 통제 가능하다(Pettit, 2019: 204-206).

캐나다 브리티시컬럼비아주 선거개혁 시민의회는 이와 관련한 대표적 사례다. 시민 150명으로 구성된 이 의회는 특정 주제에 대해 의회가 표결하면 이에 대한 심의를 거쳐 최소 60퍼센트의 지지를 확보해야 한다. 페팃은 이러한 시민의회가 시민들이 정부를 통제할 수 있는 건강한 방법이라고 강조한다. 즉 신공화주의에서는 시민이 정부의 지배에 깨어 있고 이에 맞서 이의를 제기할 수 있는 능력, 곧 이의 제기 능력을 갖추는 것이 중요하다. 이러한 능력은 시민이 규칙을 형성하고 사회적 결정을 주도하는 데 핵심 역할을 수행한다(Pettit, 2019: 210-212).

비지배 자유와 주권

정의롭고 민주적인 국가에 거주하는 시민은 비지배 자유를 향유한다. 이러한 자유는 전 세계 어디에서나 통용될 수 있는 국제적 질서로 자리매김해야 한다.

기존 국가관은 베스트팔렌 조약(Westfälischer Friede)에서 정립되었다. 이 조약은 국가가 자국 영토 내 시민, 자원, 종교를 포함한 모든 사항에 대해 최종 결정권을 가지며 다른 국가의 간섭을 받지 않아야 한다고 천명했다. 그러나 페팃은 신공화주의 이상에 입각한 국가는 베스트팔렌 조약에서 설정된 것보다 더 깊은 차원의 자유를 지향한다고 주장한다. 페팃은 국가 간 관계에도 지배 개념을 적용한다. 예를 들어 A라는 국가가 군사적·경제적 힘을 이용해 국가 B에 간섭하고 있다고 가정해 보자. 이러한 상황은 국제 질서에서 흔히 발생하지만 결코 바람직하지 않다. 더 나아가 페팃은 다국적 기업이나 종교 기관에서도 유사한 지배적

양상이 나타날 수 있다고 지적한다(Pettit, 2019: 249).

신공화주의에서 추구하는 정의로운 국가는 시민을 동등하게 대우하는 것을 목표로 한다. 따라서 개인의 권리가 무시되거나 국가의 억압적 지배가 지속될 경우 세계 시민들은 이에 맞서 연대할 책임이 있다. 즉 신공화주의에서 국가는 비지배 자유를 실현하기 위한 수단이며, 이와 동시에 시민에게는 국가의 지배에 맞서 이를 견제할 수 있는 능력이 요구된다. 페팃은 비지배 자유의 실현을 위해 국제적 규칙은 물론 체계화된 기구가 필요하다고 강조한다. 국제연합(UN)뿐 아니라 국제사면위원회, 그린피스, 국경없는 의사회 등의 국제 비정부기구도 중요한 역할을 맡는다(Pettit, 2019: 257-259).

더 나아가 억압적 국가에서 고통받는 인민을 국제사회가 방관할 수는 없다. 이러한 상황에서는 국제사회 내에서 대표성을 지닌 국가가 그 인민을 지원하는 임무를 맡아야 한다. 이는 신분이 고귀한 사람이 위험에 처한 사람들을 구하거나 모범을 보이는 것과 유사하게, 강대국이 상대적으로 역량이 부족한 국가를 도와야 함을 의미한다. 이를 일컬어 '푸부아 오블리주(pouvoir oblige)'라고 한다. 이러한 입장은 대표성을 지닌 국가에 상당한 책임을 부여하는 것으로도 이해될 수 있다.

한편 페팃은 푸부아 오블리주를 시행할 때 의무보다는 이익을 추구하는 형태가 존재한다고 주장한다. 대표성을 지닌 국가가 상업적 기회를 증진하고 테러리스트와 같은 잠재적 위협으로부터 벗어날 수 있게 하기에 푸부아 오블리주가 실현될 수 있다고 본다(Pettit, 2019: 263-267). 페팃은 이것이야말로 강대국이 역량이 부족한 국가를 지원해야 할 근거라고 강조한다.

공화주의 자유, 더 나은 정책과 실천을 위한 선의 관문

비지배 자유는 개인이 타인의 간섭에서 자유로운 상태와 정치적 자율성을 유지하기 위한 적극적 정치 참여를 권장한다. 신공화주의 국가에서 시민은 부당한 정치적 결정이 내려질 때 민주적 절차인 입법뿐 아니라 시민단체와 같은 결사 행위나 대중 집회와 같은 직접적 행동을 통해 정치에 참여할 수 있다.

한국의 민주주의는 서구에 비해 짧은 기간에 자리 잡았다. 시민들은 독재자들에 맞서 민주주의, 공화주의 정신을 실현했다. 촛불시위가 이에 부합하는 사례일 것이다. 페팃은 "촛불집회와 대통령 탄핵은 한국 민주주의의 건강에

아주 좋은 일이었다. 정치적 격변은 공화주의 정치에서 매우 자연스러운 현상이다. 견제와 균형이 작동하기 때문에 그렇게 할 수 있는 것이다"(김지훈, 2019)라고 말하며 촛불 집회가 신공화주의 정신의 발현으로 해석될 수 있다고 강조했다. 이처럼 페팃은 비지배 자유가 단순한 이론적 개념에 머무르지 않는다고 강조한다. 비지배 자유는 시민에게 정부 권력에 맞서 이의를 제기하고 부당한 지배를 견제하는 능력과 권리까지 보장하는 역할을 한다. 즉 신공화주의 정신은 민주주의가 단순한 제도가 아니라 실질적으로 시민 참여와 권력 견제를 통해 살아 움직이는 정치 체계임을 보여 준다.

> 우리가 민주주의를 활용해 정부가 우리의 목소리에 주의를 기울이게 한다면 많은 것을 성취할 수 있다. 단, 이때 우리의 제안은 공동체가 공유하는 기준에 부합해야 한다. 만약 우리가 자유의 대가는 모든 양식에서의 정의, 즉 사회적·정치적·국제적 정의의 영구적 감시라는 점을 망각하고 민주주의 프로젝트를 포기한다면 많은 것을 잃게 될 것이다. 즉 지속적으로 질문하고, 저항하고, 견제하는 자세를 취해야 한다. 아무리 발전된 민주주의 사회라도 밀실 압력, 재정적 위협, 기만적 분석, 뻔뻔한 정보왜곡, 조작된 분노, 선전적 과잉

> 흥분으로, 요컨대 협박선동 그리고 기만이라는 모든 잡다한 술책으로 정부에 특별한 의지를 투사할 만반의 태세를 갖춘 특수한 이익집단이 있다. 이들은 민주주의의 적이다. 민주주의의 생명력이 달려 있는 여러 공익활동가와 조직의 전면적 반대만이 이들을 막을 수 있다.
> 이 책은 정치적 선언문이 아니다. 그러나 나는 이 책의 독자에게 돈은 많이 벌지만 양심이 결여된 엘리트들이 정부를 강탈하는 것에 대항하는 싸움(불가피하게도 이는 영구적인 싸움이다)에 민주적 방식으로 헌신할 것을 기대한다. 나는 이 책이 활성화하고 재정비한 전통적인 이상들이 온건하기는 해도 민주적인 논쟁의 불꽃을 피우는 데 유용하게 쓰일 것이라고 믿는다. 오직 이러한 불꽃이 계속 타올라 우리가 거칠고 격동적인 열정을 기대할 수 있도록 정부의 권력 남용에 분노와 결단으로 대응할 수 있도록 준비된다면 말이다. 이러한 열정이 바로 제대로 작동하는 자유로운 공화정의 근본적 요구조건이기 때문이다.(Pettit, 2019: 285-286)

페팃은 비지배 자유가 사회적 요구를 설득력 있게 정당화할 수 있다고 강조한다. 시민을 주인, 국가를 하인으로 보는 기존 자유주의와 달리 신공화주의는 시민을 위탁자로, 국가를 수탁자로 간주하며 더욱 심층적인 자유 개념을 제시한다. 특히 일부 개인이나 조직이 권력을 행사하는 '도미니움(*dominium*)'과 정부가 권력을 행사하는 '임페리움(*imperium*)'을 구분하고, 도미니움을 방지할 법적 장치와 함께 정부의 임페리움이 지배적이지 않도록 하는 견제 장치를 마련해야 한다고 강조한다.

정리하자면 페팃의 신공화주의는 권력의 집중을 억제하는 입헌적 이상과 시민의 적극적 참여를 요구하는 민주적 이상을 결합함으로써, 한국 사회에서 새로운 공동체적 대안으로 기능할 가능성을 지닌다는 점에 그 의의가 있다.

참고문헌

김지훈(2019.2.28.). "[페팃-박명림 대담②] 민주정은 결코 조용할 수 없다". 한겨레.
http://www.hani.co.kr/arti/culture/book/884086.html

Pettit, P.(2014). *Just Freedom: A Moral Compass for a Complex World.* New York: W.W. Norton & Company.
곽준혁·윤채영 옮김(2019). ≪왜 다시 자유인가: 공화주의와 비지배 자유≫. 한길사.

필립 페팃(Philip Pettit, 1945~)

신공화주의를 대표하는 아일랜드 출신 철학자다. 아일랜드국립대학교를 졸업하고 벨파스트의 퀸스대학교에서 박사 학위를 받았다. 케임브리지대학교 연구원과 브래드퍼드대학교 철학과 교수를 거쳐 현재 호주국립대학교와 미국 프린스턴대학교의 록펠러 인문학 석좌교수로 재직 중이다. 자유 개념의 체계화를 핵심 과제로 삼아 소극적 자유와 적극적 자유의 이분법을 넘어서는 대안으로 비지배 자유를 제시했다. ≪공동 정신(The Common Mind)≫에서 개인의 의지와 사회적 상호작용이 결합해 공동체가 집단적 의지를 지닌 행위 주체로 형성된다고 보았다. ≪자유론(A Theory of Freedom)≫에서는 비지배 자유를 자유의 핵심 원리로 제시하며 자유는 타인과의 담론적 합의를 통해 정당화된다고 강조했다. ≪응보를 넘어서(Not Just Deserts)≫에서는 회복적 정의의 관점에서 응보적 형벌을 비판하고 공동체의 관계 회복을 중시했다. 이러한 논의들은 ≪신공화주의(Republicanism)≫로 이어져 개인과 공동체, 자유와 정의를 종합한 현대적 공화주의 이론으로 완성된다. 2009년 미국예술과학아카데미 회원, 2010년 로열아일랜드학술원 회원, 2013년 영국학술원 국제회원으로 선출되었다. 2019년에는 프랑스 도덕·정치과학아카데미 철학분과 회원으로 추대되었다. 오늘날에도 활발한 연구와 저술을 이어 가며 현대 정치철학을 대표하는 중요한 학자로 평가받는다.

허윤회

서울시립대학교 철학과를 졸업하고 서울대학교 윤리교육과 대학원에서 석사 학위와 박사 학위를 취득했다. 현재 국립목포대학교 윤리교육과 교수로 재직하고 있다. 주요 관심 분야는 응용 윤리, 시민 교육, 다문화 교육 등이다. 발표한 논문으로는 "재통합적 수치심에 대한 연구", "분배 정의에 대한 연구: 노직과 왈처를 중심으로", "공화주의적 심의와 도덕과 교육에의 함의: 선스타인과 페팃을 중심으로", "자율 개념과 도덕 교과서 내용 분석: 2015 개정 교육과정 고등학교 ≪생활과 윤리≫를 중심으로", "회복적 정의의 비판적 검토: 신공화주의를 중심으로", "도덕과에서 토의·토론 교육 방안 연구: 합의 형성 접근법을 중심으로", "≪넛지≫의 도덕과 교육에의 함의와 활용 방안: 환경윤리를 중심으로", "담론윤리의 도덕과 교육에의 함의와 적용 방안" 등이 있다. 옮긴 책으로는 ≪시민성, 시민적 우정과 의무≫(공역)가 있다.